INTERCULTURALISMO

ELISAIDE TREVISAM

INTERCULTURALISMO

• VIA PARA UMA CONVIVÊNCIA ÉTICA E RESPONSÁVEL •

SÃO PAULO, 2022

Interculturalismo: via para uma convivência ética e responsável
Copyright © 2022 by Elisaide Trevisam
Copyright © 2022 by Novo Século Ltda.

Editor: Luiz Vasconcelos
Assistente editorial: Lucas Luan Durães
Preparação: Luciene Ribeiro
Revisão: Paola Sabbag Caputo
Diagramação: Mayra de Freitas
Capa: Dimitry Uziel

Texto de acordo com as normas do Novo Acordo Ortográfico da Língua Portuguesa (1990), em vigor desde 1o de janeiro de 2009.

Dados Internacionais de Catalogação na Publicação (cip)
Angélica Ilacqua CRB-8/7057

```
Dados Internacionais de Catalogação na Publicação (CIP)
            Angélica Ilacqua CRB-8/7057

Trevisam, Elisaide
  Interculturalismo: via para uma convivência ética e
responsável / Elisaide Trevisam. Barueri, SP: Novo
Século Editora, 2022.
    160 p.

ISBN 978-65-5561-437-4

1. Multiculturalismo 2. Pluralismo cultural 3. Ética
social 4. Integração cultural I. Título
22-4299                                     CDD 306
```

            Índices para catálogo sistemático:

        1. Multiculturalismo

uma marca do
Grupo Novo Século

GRUPO NOVO SÉCULO
Alameda Araguaia, 2190 – Bloco A – 11º andar – Conjunto 1111
CEP 06455-000 – Alphaville Industrial – Barueri – SP – Brasil
Tel.: (11) 3699-7107 | E-mail: atendimento@gruponovoseculo.com.br
www.gruponovoseculo.com.br

Para aqueles que, com profundo comprometimento, buscam a proteção da humanidade.

Sumário

Introdução 9
1. Da tolerância com as diversidades 13
   1.1 Origem e definição de tolerância 14
   1.2 Por uma tolerância de abrangência humanitária 29
   1.3 Tolerância e respeito pelas diferenças 44
2. Multiculturalismo: entre a diversidade e os rumos do reconhecimento 55
   2.1 Multiculturalismo e reconhecimento 65
   2.2 Em busca do respeito e do reconhecimento das diferenças numa sociedade multicultural e democrática 77
3. O interculturalismo como um caminho para a convivêcia ética e humanitária 95
   3.1 Definindo o conceito de interculturalismo 99
   3.2 Hermenêutica intercultural 115
      3.2.1 Por uma hermenêutica diatópica 120
   3.3 O interculturalismo e a configuração de uma convivência ética e humanitária 122
Conclusão 141
Referências 145
Resumo 157

Introdução

NA ATUAL SOCIEDADE GLOBAL, ONDE ETNIAS, CRENÇAS E CULTURAS SE ENCONTRAM ENTRELAçadas dentro de um mesmo convívio social, cultural, econômico e político, e, ao mesmo tempo, inserindo tais elementos num movimento de interação cada vez mais intenso e dinâmico, torna-se imperativa a promoção do respeito, do reconhecimento, e, principalmente, de uma convivência ética e humanitária com as diferenças que se apresentam no cenário social, com o objetivo de proporcionar a realização de um processo de integração entre os cidadãos que nela convivem.

Considerando o contexto de uma perspectiva global, que durante tanto tempo teve como experiência uma política nacionalista e regionalista, a constatação e a ideia do convívio com a nítida expressão dessa multiplicidade de culturas às vezes evidenciam uma conflituosa crise de identidade entre os indivíduos que compõem as diferentes sociedades, implicando problemas de ordem interna e externa no que diz respeito à defesa dos direitos fundamentais e culturais consagrados universalmente. É de se reconhecer que, nesse momento, tais direitos se encontram intrinsecamente vinculados a uma constante crise de significação do cidadão, em relação ao convívio estabelecido no embate com as diversidades individuais e dos grupos que se apresentam.

Frente a essa sociedade cada vez mais plural, surge a necessidade de se configurar, como primeiro princípio, o respeito às diversidades, pois aceitar o outro em convivência tolerante, com base no reconhecimento de direitos e na ação construtiva para o todo social, faz com que se caminhe para a concretização da disposição de um sistema universal de paz, por sua vez ético e humanitário, comprometido com a defesa daqueles que são considerados "diferentes" e que necessitam da efetivação de seus direitos sociais, políticos e culturais.

A presente obra propõe traçar um panorama de como as diversidades vieram a ser tratadas no meio social no decorrer de seu contexto histórico, o que se faz por intermédio das principais teorias que se elegem a fim de aplacar os conflitos culturais, com o propósito de convergir na necessidade de uma convivência humanitária e ética, na qual todos os seres humanos, observados em suas diversidades culturais, estejam dispostos num convívio dentro do ideal do interculturalismo.

Para o aprofundamento da proposta, considera-se impossível adentrar no desenvolvimento da discussão sem antes passar pela conceituação da tolerância com as diversidades, para então tornar viável a fundamentação conceitual de uma vivência multicultural dentro da atual conjuntura, e, assim, posteriormente refletir sobre o imperativo de uma convivência mútua e de interação pautada no interculturalismo.

Nesta última direção, encontra-se disposta uma convivência intercultural que propicia verificar os limites da simples consideração de uma sociedade que unicamente tolere o Outro ou que se afirme pela simples preservação e pelo reconhecimento da diversidade, a partir de uma perspectiva multicultural. Assim, a aproximação de uma abordagem intercultural se constitui, em contrapartida, a fim de se instigar por uma convivência ética, humanitária e de paz entre as diferentes sociedades.

Para tanto, no primeiro capítulo, serão traçadas algumas direções sobre o conceito de tolerância e o início de uma busca para a vivência em conjunto, consagrando-se pelo respeito àqueles que pensam e agem de maneira diversa no interior das sociedades diversas.

Evidenciar-se-á que, por algum tempo, o princípio da tolerância foi suficiente para aplacar os conflitos apresentados no embate dos diversos modos de cultura, podendo-se afirmar, pois, que apenas a tolerância se faz insuficiente para garantir a integração e o convívio pacífico almejado, principalmente na atualidade em que vive o mundo globalizado.

Nessa perspectiva, para garantir a existência de uma integração nessa sociedade plural, surge a necessidade de procurar estabelecer um meio de convívio que vá além do respeito e da tolerância.

Deste modo, ultrapassando uma perspectiva que tão somente busque tolerar as diferenças, em torno do multiculturalismo se configurarão algumas propostas na busca de se verem concretizados o reconhecimento da igualdade e da liberdade, assim como o respeito à diferença. No entanto, ainda assim, far-se-á necessária a conscientização de que somente quando o indivíduo estiver apto a se reconhecer no Outro, é que será possível que esse reconheça a si mesmo.

No segundo capítulo, com o prisma do multiculturalismo, buscaremos desenvolver sua conceituação e aprofundar sua fundamentação como um modelo social e político que agrega em si um espaço de reconhecimento das diversidades culturais.

Dando continuidade a essa reflexão, com embasamento na ideia de que somente a tolerância, o respeito e o reconhecimento da diversidade observada no mundo, dentro das sociedades consideradas democráticas, encontram-se inadequados ou insuficientes para dar corpo à quebra da hegemonia de umas culturas sobre as outras, sendo um dos fatores que impedem que se aprenda a descobrir o valor das diversidades culturais e o reflexo do Eu frente ao Outro, procuraremos delinear um novo ideal de conceito, a fim de demarcar os limites e as falhas do pensamento multicultural.

Para tanto, no intuito de alcançarmos uma resposta significante para a problemática que apresentamos como tema de reflexão deste estudo, no terceiro capítulo nos debruçaremos na busca de desenvolver um conceito mais amplo em torno do entendimento sobre o pluralismo das culturas na atualidade mundial, trazendo para o campo do debate o conceito e a prática do interculturalismo como fundamento de uma convivência global, ética e humanitária, tendo como base a necessidade de atingirmos uma experiência como sujeito cultural, político e solidário – sujeito esse que se veja como cidadão do mundo, que se encontre na verificação do resultado de simbiose do Eu com o Outro, no interior de uma sociedade humana baseada no respeito, no reconhecimento, na ética, na responsabilidade, na consciência, fundados numa convivência mútua e de interação profunda.

Assim sendo, proporemos que pensar o interculturalismo requer o desenvolvimento do ideal de um projeto comum que integre, em sua definição, os princípios da igualdade, da coesão e do respeito à dignidade humana,[1]

---

1   Uma definição de dignidade da pessoa humana que se traduz de maneira mais completa é a proporcionada por Ingo Wolfgang Sarlet, quando aduz que: "A dignidade da pessoa humana

os quais, inseridos na diversidade de culturas presente na atualidade, permitem como experiência vital a construção de uma ética e de uma consciência universais, em total conexão com o Outro.

Portanto, no centro da presente obra, além de estarem contidos os objetivos em torno da contextualização dos conceitos de tolerância, multiculturalismo e interculturalismo, toma frente a proposta de procurar identificar as heranças estruturais e os limites contidos na explanação dos efeitos concretos, sendo estes efeitos abalizados pelas perspectivas dos dois primeiros conceitos.

Assim, podemos enfatizar que o pressuposto conduzido pelo interculturalismo se configura no intuito de estabelecer ou cultivar o assentamento de uma consciência humanitária que, a partir da responsabilidade para com o Outro, conecte indivíduos e sociedades plurais numa perspectiva que leve em consideração a construção da identidade do Eu a partir da identidade do Outro, em que o plural se encontre identificado com o singular, como essência de uma convivência integralizante.

é uma qualidade intrínseca e distintiva reconhecida em cada ser humano que o faz merecedor do mesmo respeito e consideração por parte do Estado e da comunidade, implicando, neste sentido, um complexo de direitos e deveres fundamentais que assegurem a pessoa tanto contra todo e qualquer ato de cunho degradante e desumano, como venham a lhe garantir as condições existenciais mínimas para uma vida saudável, além de propiciar e promover sua participação ativa e corresponsável nos destinos da própria existência e da vida em comunhão com os demais seres humanos, mediante o devido respeito aos demais seres que integram a rede da vida". Cf. SARLET, Ingo Wolfgang. *Dignidade da pessoa humana e direitos fundamentais na Constituição Federal de 1988*. 9. ed. Porto Alegre: Livraria do Advogado, 2012, p. 71.

capítulo 1

Da tolerância com as diversidades

> *"A tolerância consiste em ter crenças e aceitar dialogar com outras pessoas que têm convicções diferentes. É chegar a um consenso com os outros para estabelecer uma coexistência dinâmica e engajar-se em um processo de enriquecimento mútuo permanente."*
> (Rao V. B. J. Chelikani)

DENTRO DOS DESAFIOS DA SOCIEDADE MUNDIAL ATUAL, CADA VEZ MAIS PLURAL EM SUA configuração cultural e política, se faz necessário afrontar a problematização da realização de um processo integrador entre as diversas culturas que se apresentam, tornando-se indispensável abandonar anacronismos que prejudicam os sujeitos com atitudes intolerantes, posto que a ausência da tolerância constitui um obstáculo a qualquer processo de integração social ou cultural.

Respeitar e aceitar as diferenças entre as diversas culturas fará com que se concretize uma convivência mais pacífica – convivência essa que converge para a construção de uma cultura mais humanitária, com o efetivo reconhecimento e respeito da diferença, da pluralidade e da ética, formando, desse modo, uma comunidade comprometida na defesa de toda a sociedade humana, fortalecendo um valor inalienável de princípio universal gerado pela prática de uma postura solidária.

Como base desse respeito e aceitação pelas diversidades apresentadas na sociedade mundial, a tolerância se apresenta como ponto-chave nas atitudes pessoais de cada sujeito, refletindo em uma conduta social que implicará reconhecimento e aceitação da existência de diferenças.

Contudo, por assumir na maioria das vezes as características de uma virtude individual, este mesmo conceito corre o risco de nem sempre conduzir a um consenso universal e, por fim, permitir que se estabeleça uma coexistência dinâmica e pacífica, alicerçada pela prática coletiva de uma postura solidária.

Neste capítulo, traçaremos uma análise da tolerância com as diversidades culturais para mostrar que, ainda que o indivíduo ou o grupo de indivíduos seja tolerante um com os outros, aceite e respeite as diferenças apresentadas na atual sociedade, a tolerância se encontrará insuficiente para direcionar a humanidade, efetivamente, rumo a uma sociedade integradora e emancipatória.

Nessa perspectiva, buscaremos trazer uma reflexão sobre a tolerância, sua origem e seus conceitos, bem como apontar o quanto ela já contribuiu e ainda contribui de maneira essencial, durante a história social, com a efetivação da proteção universal da diversidade na sociedade. Entretanto, ao aportar numa sociedade multicultural e complexa, ainda que com a ausência do princípio da tolerância não seja possível rumar a uma convivência sem conflitos, observa-se que somente quando a sociedade desenvolver um pensamento intercultural será possível que esta estabeleça uma postura ética e responsável, a partir de uma convivência intercultural que englobe toda a humanidade.

1.1 ORIGEM E DEFINIÇÃO DE TOLERÂNCIA

Desde o surgimento da palavra tolerância, várias formulações de conceitos apareceram para melhor tentar defini-la. Parece, à primeira vista, um tema simples para refletir; porém, também extremamente complicado para definir. Podemos tentar conceituá-la em nossas verdades, mas teremos dificuldades em nos ater ao seu real significado ou, ainda, defini-la objetivamente. Assim, procuraremos trazer a significação basilar de tão importante princípio.

A palavra "tolerância" vem do latim *tolerantia*, que significa constância em suportar, suportação, paciência; ou seja, proveniente do verbo *tolerare*, que, de início, significava portar, suportar um peso, e que toma um novo significado de resistir, persistir, manter, sustentar.

A partir do século XVI, na Europa, em um contexto de guerras de religiões entre católicos e protestantes, enquanto a Igreja[1] acentuava valores como submissão e renúncia, os intelectuais humanistas defendiam a liberdade do indivíduo.

A Inglaterra dos séculos XVI e XVII, em específico, se apresentou como palco de intensos conflitos religiosos, que acabaram por resultar em perseguições e mortes na sociedade inglesa, por conta da opressão da monarquia anglicana aos católicos e protestantes.

No contexto geral, esses conflitos provocaram intensa devastação nos reinos europeus, e a partir de então que muitos pensadores em oposição a essa realidade se manifestaram a favor da liberdade, fazendo surgir a concepção de tolerância como símbolo de uma liberdade religiosa, de consciência e de expressão. Assim, a palavra tolerância toma uma forma expressa e o verbo tolerar vem à tona, a fim de superar a inimizade entre as religiões em conflito e buscar suprir a necessidade de se suportarem as diferenças.

Conforme esclarece Vicente de Paulo Barreto:

> As consequências políticas da Reforma Protestante fizeram com que a palavra tolerância adquirisse um sentido e uma função propriamente política. [...] Tratava-se agora de encontrar soluções políticas para o conflito civil entre crentes de diferentes denominações cristãs, mas súditos de um mesmo soberano, todos reivin-

---

1   CARDOSO, Clodoaldo Meneguello. *Tolerância e seus limites*: um olhar latino-americano sobre diversidade e desigualdade. São Paulo: UNESP, 2003, p. 28.

dicando a interpretação autêntica de uma mesma fonte de revelação divina, as palavras da Bíblia, e, principalmente, do Novo Testamento. A ideia de tolerância passou a fazer parte do discurso político europeu, em consequência da divisão do cristianismo.[2]

Neste sentido, aqui serão tratados os pensamentos de alguns autores sobre o princípio da tolerância, uma vez que o intuito da pesquisa foi desenvolver a discussão a respeito da convivência pacífica e ética dentro da atual sociedade – na qual o sujeito, mais do que tolerar, deve se inserir numa gama de diferentes culturas e necessita interagir, respeitando a alteridade do outro e buscando, de forma ética e responsável, a integração de seu grupo cultural para a efetivação de uma igualdade humanitária.

Durante algum tempo, o verbo tolerar esteve atrelado à ponderação do conflito religioso e, portanto, esteve estruturado para enfatizar o imperativo de coexistência pacífica com várias confissões religiosas.

A partir desse contexto, John Locke,[3] inquieto com os problemas que envolviam a liberdade religiosa durante a batalha entre católicos e protestantes na Inglaterra, por meio de sua Carta sobre a tolerância (escrita em 1685 e editada anonimamente na Holanda em 1689), foi pioneiro em argumentar sobre a finalidade essencial do Estado em preservar alguns direitos do indivíduo, principalmente o direito de liberdade religiosa, procurando cuidar para que o Estado não infligisse qualquer tipo de tortura àquele que não professasse a mesma fé.

Baseando seu argumento em princípios cristãos, John Locke acredita que, para os defensores de opiniões que se opõem em respeito aos temas religiosos, a tolerância está em desacordo com o Evangelho. O autor não se conforma com a cegueira dos homens quanto a este assunto:

> Não condenarei aqui o orgulho e a ambição de uns, a paixão, a impiedade e o zelo descaridoso de outros. Estes defeitos não

---

2   BARRETO, Vicente de Paulo. *Dicionário de filosofia do direito*. Rio Grande do Sul: UNISINOS, 2009, p. 819.
3   Filósofo inglês do século XVII, destacado por seus estudos de filosofia política e por seu pensamento político liberal.

podem, talvez, ser erradicados dos assuntos humanos, embora sejam tais que ninguém gostaria que lhes fossem abertamente atribuídos; pois, quando alguém se encontra seduzido por eles, tenta arduamente despertar elogios ao disfarçá-los sob cores ilusórias. Mas que uns não podem camuflar sua perseguição e crueldade não cristãs com o pretexto de zelar pela comunidade e pela obediência às leis; e que outros, em nome da religião, não devem solicitar permissão a sua imoralidade e impunidade de seus delitos; numa palavra, ninguém pode impor-se a si mesmo ou aos outros, quer como obediente súdito de seu príncipe, quer como sincero venerador de Deus.[4]

O problema é enfrentado por John Locke na busca de uma definição do termo tolerância. Para tanto, o autor admitirá a existência de dois gêneros de coisas que têm o direito à tolerância: um constituído por todas as opiniões que são originariamente especulativas (como, por exemplo, crer na Santíssima Trindade ou nos átomos – assuntos que não se referem à sociedade de modo algum, uma vez que a simples especulação, que não produz regras às ações dos homens frente aos homens, não pode, de modo algum, perturbar a paz do Estado ou corromper o próximo); e outro sobre a questão da liberdade de culto religioso que diz respeito somente a Deus e ao indivíduo com um interesse eterno.

O pensador tratará dos argumentos sobre a tolerância e a religião em quatro *Cartas sobre a tolerância*. Na primeira, John Locke defende a tolerância separando as funções da Igreja e do Estado, colocando a Igreja como uma sociedade de homens que compartilham a mesma fé, e o Estado como aquele que deve ter o objetivo de preservar a liberdade dos indivíduos por meio da tolerância ao exercício da liberdade, como direito do homem em cumprir sua natureza humana, uma vez que:

---

[4] Para um aprofundamento sobre o tema em John Locke e as *Cartas* por ele escritas a respeito da tolerância religiosa, ler: LOCKE, John. *Cartas sobre tolerância*. Tradução de Jeane B. Duarte Rangel e Fernando Dias Andrade. São Paulo: Ícone, 2004.

A liberdade do homem só tem sentido com relação à lei de sua natureza, que é uma lei razoável. Uma tal liberdade só pode ser garantida e salvaguardada no quadro do estado civil. É nesse quadro que a tolerância deve, pois, necessariamente ser exercida; tudo o que causa danos à existência da comunidade política e da paz civil deve ser excluído.[5]

Locke trabalha com a definição da comunidade civil e a função do magistrado com o poder de criar leis e obrigar os indivíduos a cumpri-la, expondo, entretanto, os limites para esse poder:

> Mas, embora alguns possam não colorir seu espírito de perseguição e crueldade não cristã com a pretensão de cuidado com o bem-estar público e observação das leis e que outros, sob o disfarce da religião, possa não procurar impunidade para sua libertinagem e licenciosidade, numa palavra, que ninguém possa impor a si e a outros, fingindo a lealdade e obediência ao príncipe ou carinho e sinceridade na adoração a Deus, eu entendo como necessário distinguir exatamente as atividades do governo civil das da religião e estabelecer limites justos que permaneçam entre um e outro. Se isso não for feito, poderá não ter fim a controvérsia que sempre surgirá entre aqueles que têm ou fingem ter, por um lado, uma preocupação em benefício das almas humanas e, por outro lado, um cuidado com a comunidade.[6]

Em 1690, Jonas Proast[7] responde à primeira *Carta sobre a tolerância*

---

5   POLIN, Raymond. Introdução. In: LOCKE, John. *Cartas sobre tolerância*. Tradução de Jeane B. Duarte Rangel e Fernando Dias Andrade. São Paulo: Ícone, 2004, p. 43.
6   LOCKE, John. *Cartas sobre tolerância*. Tradução de Jeane B. Duarte Rangel e Fernando Dias Andrade. São Paulo: Ícone, 2004, p. 78.
7   Jonas Proast foi um clérigo adepto da *high church* ("alta Igreja") anglicana, de doutrina majoritariamente católica, que responde a Primeira carta sobre a tolerância de John Locke, publicada em 1689, rebatendo as ideias de Locke e defendendo que o Estado poderia usar da força para impor a verdadeira religião. Para maiores informações consultar: YOLTON, John W. *Dicionário Locke*. Tradução de Álvaro Cabral. Rio de Janeiro: Zahar, 1996.

e, a partir de então, John Locke escreverá as próximas cartas, sempre em contraponto às ideias de Proast – uma vez que este último acreditava ser o Governo apto e autorizado a usar da força para impor a religião oficial.

Nas outras três *Cartas*, John Locke retomará os argumentos sobre o Estado e o magistrado civil, expondo que esses não têm a prerrogativa de dizer a verdade sobre a religião dos indivíduos que estão sob sua custódia, propondo que a adoração de fé possa ser defendida através da paz e da razoabilidade, e não pelo uso da força injustificável:

> De fato, se a força for direcionada para levar os homens indiferentemente, negligentes e defensivos a estudar, examinar e considerar seriamente questões religiosas e procurar a verdade e, se se permitisse aos homens, sob estudo e reflexão, seguir a que lhes parece certa, o senhor poderia ter alguma pretensão à força, como útil à verdade para levar os homens a refletirem. Mas isso só é possível sob tolerância. E duvido que, mesmo assim, a força possa ser aplicada para fazer os homens refletirem e examinarem imparcialmente o que é verdadeiro nas religiões professadas no mundo e a adotarem.[8]

Segundo Locke, podemos entender que a defesa da diversidade religiosa encontra seu fundamento somente quando procura estabelecer um acordo para manter a paz fraterna nas diversidades de profissão de fé religiosa. Assim, a autoridade pública não exerce prerrogativas em matéria de religião:

> Primeiro, porque o cuidado das almas não é compromisso do magistrado mais do que de outro homem. Não é compromisso dele, digo, por Deus, porque não parece que Deus tenha dado tal autoridade a qualquer outro sobre outro, para compeli-lo à Sua religião. Nem tal poder pode ser investido sobre o magistrado pelo

---

8   LOCKE, John. *Cartas sobre tolerância*. Tradução de Jeane B. Duarte Rangel e Fernando Dias Andrade. São Paulo: Ícone, 2004, p. 349.

consentimento do povo, porque nenhum homem pode abandonar o cuidado com sua própria salvação tão cegamente para deixá-lo à escolha de qualquer outro, seja príncipe ou súdito, para lhe prescrever qual fé ou adoração ele abraçará.[9]

Mesmo se colocando dentro de um embate de liberdade religiosa, John Locke não trará uma expressão completa sobre o princípio da tolerância;[10] pois, segundo o autor, a tolerância não deve ser direcionada de modo algum àquele que nega a existência de Deus. No entanto, esta discussão se constituirá na primeira pedra lançada no debate sobre a tolerância.

Na França, por volta da segunda metade do século XVII, a intolerância religiosa prevalece e os protestantes continuam a serem expulsos do país. Por meio do Edito de Nantes,[11] atribuiu-se legalidade à expressão da Igreja Protestante na França, a partir de 1598, estabelecendo-se a liberdade de cultos e o reconhecimento dos protestantes como grupo social organizado com direitos políticos, jurídicos e militares. No entanto, o mesmo documento foi revogado em 1685 pelo rei Luís XIV, fazendo com que a intolerância religiosa continuasse a ser uma problemática constante em toda a França durante parte do século XVII e do século XVIII.

Pierre Bayle,[12] outro filósofo contemporâneo de John Locke que também foi perseguido pela Igreja, irá refletir e debater sobre a tolerância trazendo grande contribuição à busca pela definição do termo.

Diferentemente de John Locke, porém com as mesmas conclusões, o ponto central da teoria do estudo da tolerância de Pierre Bayle busca fundamentar-se na obediência do homem aos ensinamentos de sua consciência.

Bayle discorrerá sobre a defesa da tolerância como permissão da liber-

---

9   Ibid., p. 79.
10   ABBAGNANO, Nicola. *Dicionário de filosofia*. 5. ed, São Paulo: Martins Fontes, 2007, p. 1.143.
11   Assinado por Henrique IV (1553-1610), rei de Navarra e da França a partir de 1589 (primeiro da dinastia Bourbon), o documento reconhecia o catolicismo como religião oficial, mas garantia espaço para a religião protestante. Disponível em: http://www.dhnet.org.br/direitos/anthist/marcos/edito_nantes/texto_pt_edito_nantes.pdf. Acesso em: 10 out. 2015
12   Filósofo e escritor francês do século XVII que defende a liberdade de pensamento, principalmente contra a intolerância religiosa.

dade de se professar diversas fés religiosas, sustentando que qualquer pessoa teria que agir de acordo com a própria consciência, uma vez que os erros da consciência não deveriam ser combatidos com perseguições, não sendo a crueldade necessária para a correção. Além disso, para Bayle, a violência termina por intensificar ainda mais qualquer mal que ela objetiva combater.

Também vítima da intolerância religiosa que imperava na França, em sua obra intitulada *Commentaire philosophique ou traité de la tolérance universelle*[13] (Comentário filosófico ou tratado da tolerância universal), escrita em 1686, Bayle trabalha por intermédio da crítica e da conexão dos principais dogmas religiosos ligados às necessidades fundamentais da razão e da moralidade.

Para o autor, todos os preconceitos e superstições deveriam ser afastados, uma vez que a consciência institui a ligação mais íntima entre o indivíduo e o seu criador. Posto isso, essa ligação deverá necessariamente ser respeitada pelo outro como um direito inalienável de liberdade de consciência. Segundo Vicente de Paulo Barreto:

> Bayle estabeleceu, dessa forma, uma das justificativas centrais da tolerância moderna: o direito à consciência errada, que consiste no direito inalienável do indivíduo professar doutrinas consideradas, em consciência, como verdadeiras, ainda que contrárias aos credos políticos ou religiosos predominantes nos diferentes estados.[14]

Portanto, tomando como exemplo a França, Bayle afirmará o valor político do conceito de tolerância partindo de um pressuposto com base na religião, questionando os valores da autonomia do indivíduo e a necessidade da paz em sociedade, e afirmando que a desordem deriva da intolerância e não da tolerância.

Bayle apresentará, ainda, uma noção de liberdade na diversidade religiosa como algo que traz benefício para a sociedade, tentando demonstrar

---

13 Obra no original disponível em fac-símile: https://books.google.com.br/books?id=StdWAAAAcAAJ. Acesso em: 03 fev. 2015.
14 BARRETO, Vicente de Paulo. *Dicionário de filosofia do direito*. Rio Grande do Sul: UNISINOS, 2009, p. 820.

que os princípios da tolerância não ocasionarão conflitos, mas sim que a intolerância é causadora de toda a desordem.

Assim, a tolerância terá seu fundamento na obrigação que cada indivíduo tem de seguir unicamente a sua consciência – e esta obrigação jamais poderá ser impedida por meio da violência, mesmo que se trate de uma consciência errante. Para o autor, será a consciência, através de seus ensinamentos, que afastará todo preconceito, uma vez que essa se constitui numa lei que estabelece uma ligação entre o indivíduo e seu criador.

Desta forma, a consciência individual deverá ser respeitada como um direito inalienável, não podendo os clérigos ou o Estado intervir. Conforme explica Bayle: "[...] a liberdade de consciência é o direito mais essencial e o mais inalienável de que o homem pode fruir, e os soberanos devem considerá-lo o mais inviolável".[15]

É devido a esse pensamento que para Bayle não importa a religião ou a crença, e até mesmo os ateus devem ser tolerados. Conforme comenta Almeida:

> É possível dizer que o sistema de Bayle repousa sobre essa distinção fundamental que contribui para fazer cessar a solidariedade entre o Estado e a Igreja. Para ele, as pessoas não se comportarão melhor pelo simples fato de serem religiosas. Assim, o civismo do comportamento do homem (sua moralidade, no sentido superficial do termo), é explicável por fatores naturais como amor-próprio, medo da reprovação, ou por temperamento, pelo sentimento de honra do indivíduo, e não pelos dogmas que professe.[16]

Portanto, para Bayle, consciência e tolerância estão ligadas,[17] já que a tolerância tem por base um instinto natural da consciência – pois agir de acordo com a consciência é um princípio que uma mente cuidadosa e filo-

---

15 ALMEIDA, Maria C. P. A tolerância e sua medida em John Locke e Pierre Bayle. *Revista Princípios.* Natal, v.17, n.27, jan./jun. 2010, p. 47.
16 Ibid., p. 46.
17 BAYLE, Pierre. *De la tolérance*: commentaire philosophique sur ces paroles de Jésus--Christ: "Constrains-les d'entrer". Par Jean-Michel Gros. Paris: Honoré Champion, 2006, p. 93 (tradução nossa).

sófica concebe naturalmente. Assim, tratando-se de matéria religiosa, será por meio desta doutrina da tolerância que se admitirá, a qualquer pessoa, que ela siga livremente a sua consciência.

O ponto crucial de seu pensamento[18] é que o dever principal de todos é o de combater a intolerância, pois defender a intolerância é afirmar que a razão do mais forte será sempre a melhor. Será desse modo negativo, ou seja, será falando da intolerância que se buscará o esclarecimento do que vem a ser a tolerância.[19]

Podemos concluir que o conceito de tolerância, segundo Bayle, se encontra fortemente ligado àquele da consciência, e que somente por meio de um estudo mais cauteloso e intenso poderíamos ter uma interpretação maior das bases da tolerância em suas reflexões. Não é esse, porém, o nosso objetivo presente, dado que esta obra tratará dos pensamentos filosóficos sobre a tolerância, de um modo a sugerir as proposições mais correntes sobre o conceito.

Dando continuidade à luta contra a intolerância religiosa da Europa, no século XVIII, Voltaire[20] retomará a temática da tolerância,[21] aprofundando-se no que diz respeito a tolerância e liberdade religiosas, porém com um viés diferente daquele apresentado por John Locke e Pierre Bayle. O que Voltaire colocará em primeiro plano será a perspectiva histórica do termo "tolerância", demonstrada pelo termo "intolerância".

O autor atesta que, como a sociedade humana se apresenta com muitas fraquezas e erros, o que deve ser estabelecido como primeira lei da natureza humana é o perdoar-se reciprocamente. Além disso, se a atitude obstinada de recusar as opiniões diversas é fruto de um mal do espírito típico de uma barbárie que já foi superada, aqueles que ainda persistem nesse modo de pensar não sabem fazer uso da razão.

---

18   Ibid., p. 239.
19   Para um maior aprofundamento nos fundamentos da tolerância em Pierre Bayle, seria necessário considerar toda a biografia do autor para entender o contexto histórico de cada uma de suas obras, não sendo este o objetivo da presente investigação.
20   François Marie Arouet, conhecido como Voltaire, foi um filósofo e escritor francês nascido no final do século XVII. Representante do Movimento Iluminista na França, deu continuidade aos pensamentos referentes à tolerância religiosa.
21   VOLTAIRE. *Dicionário filosófico*. São Paulo: Abril Cultural, 1973, p. 296-299. (Coleção Os Pensadores)

Conforme seus escritos, podemos dizer que Voltaire precisa ser entendido como um filósofo que fez um apelo para que se instaurasse uma sociedade tolerante e compreensiva quanto às singularidades do indivíduo. Em sua obra *Tratado sobre a tolerância* (1763), aponta que a natureza fala à humanidade e expõe a ignorância em que esta se encontra; e, por serem os homens fracos e ignorantes, devem auxiliar-se e instruir-se a tolerar uns aos outros:

> A natureza diz a todos os homens: Fiz todos vós nascerem fracos e ignorantes, para vegetarem alguns minutos na terra e adubarem-se com vossos cadáveres. Já que sois fracos, auxiliai-vos; já que sois ignorantes, instruí-vos e tolerai-vos. Ainda que fôsseis todos da mesma opinião, o que certamente jamais acontecerá, ainda que só houvesse um único homem com opinião contrária, deveríeis perdoá-lo, pois sou eu que o faço pensar como ele pensa. Eu vos dei braços para cultivar a terra e um pequeno lume de razão para vos guiar; pus em vossos corações um germe de compaixão para que uns ajudem os outros a suportar a vida. Não sufoqueis esse germe, não o corrompais, compreendei que ele é divino e não troqueis a voz da natureza pelos miseráveis furores da escola. Sou eu apenas que vos une, sem que o saibais, por vossas necessidades mútuas, mesmo em meio a vossas guerras tão levianamente empreendidas, palco eterno das faltas, dos riscos e das infelicidades. Sou eu apenas que, numa nação, detém as consequências funestas da divisão interminável entre a nobreza e a magistratura, entre esses dois corpos e o do clero, e também entre o burguês e o agricultor. Todos ignoram os limites de seus direitos; mas contra sua vontade acabam por escutar com o tempo, minha voz que fala a seu coração. [...] Só eu posso inspirar a justiça, quando as leis inspiram apenas a chicana. Aquele que me escuta julga sempre bem; e aquele que busca somente conciliar opiniões que se contradizem acaba por perder.[22]

---

22   Id., 2000, p. 136-137.

Uma vez que Voltaire se debruça sobre a problemática social em que vive a sociedade em seu tempo, na qual Estado e Igreja se misturam e a religião se torna uma justificativa como garantia civil, o seu legado de pensamentos nos ensina que é somente pela tolerância que pode haver uma legalidade e uma justiça efetiva, bem como a evolução das leis e o reconhecimento dos direitos fundamentais do homem. Conforme sua elucidação:

> O direito natural é aquele que a natureza indica a todos os homens. [...] Em todos os casos, o direito humano só pode se fundar nesse direito de natureza; e o grande princípio, o princípio universal de ambos, é em toda a terra: "Não faças o que não gostarias que te fizesse". Ora, não se percebe como, de acordo com esse princípio, um homem poderia dizer a outro: "Acredita no que acredito e no que não podes acreditar, ou morrerás".[23]

De acordo com o autor, no combate à intolerância seria imprescindível que, ao contrário, a Igreja cristã[24] – a qual pregava as doutrinas de Jesus Cristo e do amor cristão – se apresentasse como a mais tolerante das religiões, não podendo jamais demonstrar uma postura de intolerância, como vinha fazendo desde o seu estabelecimento: dividida desde o berço, a igreja cristã sempre viveu em discórdia.

> Esta horrível discórdia, que dura há tantos séculos, constitui a lição bem expressiva de que devemos perdoar-nos mutuamente os nossos erros; a discórdia é o grande mal do gênero humano e a tolerância, o seu único remédio. Não há quem não convenha nesta verdade [...].[25]

---

23 VOLTAIRE. *Tratado sobre a tolerância*: a propósito da morte de Jean Calas. Tradução de Paulo Neves. 2. ed. São Paulo: Martins Fontes, 2000, p. 33.
24 Id., 1973, p. 297.
25 VOLTAIRE. *Dicionário filosófico*. São Paulo: Abril Cultural, 1973, p. 298. (Coleção Os Pensadores.)

O que fica apontado é que, entre as principais expectativas de Voltaire, está aquela de construir uma religião natural, propagada universalmente e fundada na noção que o homem tem de Deus, por meio da razão. Assim, estando racionalmente ponderada, a religião liberaria o homem daquela estrutura falsa que a Igreja postulava e vinha impondo por séculos e séculos. Nessa perspectiva, o fundamento da tolerância em Voltaire está no reconhecimento da consciência humana como algo falível, uma consciência impossibilitada de atingir a verdade.

Consequentemente, a partir desta constatação, Voltaire estabelece a necessidade de uma base para a reflexão de caráter político, como meio para evitar a subversão de ordem pública. Para Voltaire, será Deus que revelará a função formal, moral e política necessária para a sociedade, e somente deste modo haverá uma convivência racional e consciente entre os indivíduos que a compõem. Assim, o filósofo professa, como uma sentença categórica, aquilo que paira sobre os homens como mandamento último da natureza:

> Com minhas mãos plantei os alicerces de um prédio imenso; ele era sólido e simples, todos os homens nele podiam entrar com segurança; quiseram acrescentar os ordenamentos mais bizarros, mas grosseiros e mais inúteis; e o prédio começa a desmoronar por todos os lados; os homens pegam as pedras e as atiram uns contra os outros; grito-lhes: Parai, afastai esses escombros funestos que são vossa obra e habitai comigo em paz no prédio inabalável que é o meu.[26]

Saindo do campo religioso, com a expansão do pensamento iluminista do século XVIII e do pensamento liberal do século XIX, chega-se ao reconhecimento da tolerância de forma completa, ou seja, a garantia de igualdade entre o interesse religioso da Igreja, o interesse político do Estado, os direitos dos cidadãos e as exigências do desenvolvimento cultural e científico.

---
26   Id., 2000, p. 137.

A Europa, a partir do século XIX, mais especificamente na Inglaterra, passa a apresentar uma ideia mais abrangente sobre a liberdade, colocando o conceito de tolerância para além de sua ponderação a partir de uma esfera totalmente religiosa, tratando-o agora sob o ponto de vista político.

Quem desenvolverá plenamente as implicações da ideia de tolerância, distinguindo-se das ideias de Locke, Bayle e Voltaire, será Stuart Mill.[27] Em sua obra intitulada *Sobre a Liberdade*, Stuart Mill tratará a liberdade como liberdade civil, a qual, deixando de ser tratada como livre-arbítrio, promove o afastamento da defesa da tolerância sob argumentos religiosos, para passar a ter fundamento nas necessidades humanas, tanto em ordem prática quanto social – isto é, dentro de uma ideologia liberal na qual o conhecimento humano não atinge a verdade absoluta, no entanto é expressão de uma opinião, uma vez que a sociedade é formada por indivíduos emancipados e que irão agir com equilíbrio e bom senso. Como explica Vicente de Paulo Barreto:

> Foi, entretanto, John Stuart Mill quem desenvolveu plenamente as implicações da ideia de tolerância no contexto do pensamento liberal [...]. A tolerância, no pensamento de Stuart Mill, deixou de ser, definitivamente, uma questão de ordem religiosa ou de âmbito da consciência individual, e adquiriu um caráter político e social, ao situá-la em face do surgimento de um novo agente social, a opinião pública.[28]

De acordo com os pensamentos de Stuart Mill, os problemas éticos e políticos apresentam uma concepção de que as ideias não possuem substancialidade como pregavam os sistemas da religião, mas existe uma relação de conflito quando se fala da liberdade do indivíduo e da autoridade social. Isso traz a necessidade de estabelecimento de limites sobre a interferência estatal na independência do indivíduo, pois:

---

27   Filósofo inglês que viveu nos séculos XVIII e XIX, defensor do empirismo e pensador liberal, irá discutir sobre política, utilitarismo, liberdade, democracia, entre outras reflexões.
28   BARRETO, Vicente de Paulo. *Dicionário de filosofia do direito*. Rio Grande do Sul: UNISINOS, 2009, p. 821.

O indivíduo não pode legitimamente ser compelido a fazer ou deixar de fazer alguma coisa, porque tal seja melhor para ele, porque tal o faça mais feliz, porque na opinião dos outros tal seja sábio ou reto. Essas são boas razões para o admoestar, para com ele discutir, para o persuadir, para o aconselhar, mas não para o coagir, ou para lhe infligir um mal caso aja de outra forma. [...] A única parte da conduta por que alguém responde perante a sociedade é a que concerne aos outros. Na parte que diz respeito unicamente a ele próprio, a sua independência é, de direito, absoluta. Sobre si mesmo, sobre o seu próprio corpo e espírito, o indivíduo é soberano.[29]

O entendimento da ideia de tolerância, para Stuart Mill, estendia-se de uma concessão do Estado "para o argumento da defesa da opinião individual diante da opinião pública majoritária", sustentando que a intolerância não tratava apenas da perseguição dos opositores políticos pelo Estado, mas "ocorria também em situações sociais e políticas, quando maiorias oprimiam minorias culturais, sociais ou político-partidárias".[30] Ou seja: "Se todos os homens menos um fossem de certa opinião, e um único da opinião contrária, a humanidade não teria mais direito de impor silêncio a esse um do que ele a fazer calar a humanidade, se tivesse esse poder".[31]

Para Stuart Mill, se numa sociedade não se respeita a liberdade individual, essa não pode ser chamada de livre, qualquer que seja sua forma de governo:

> A única liberdade que merece o nome, é a de procurar o próprio bem pelo método próprio, enquanto não tentamos desapossar os outros do que é seu, ou impedir seus esforços para obtê-lo. Cada qual é o guardião conveniente da própria saúde, quer corporal,

---

29   MILL, John Stuart. *Sobre a liberdade*. Tradução de Alberto da Rocha Barros. Rio de Janeiro: Vozes, 1991, p. 53.
30   BARRETO, Vicente de Paulo. *Dicionário de filosofia do direito*. Rio Grande do Sul: UNISINOS, 2009, p. 821.
31   MILL, John Stuart, op. cit., p. 60.

quer mental e espiritual. Os homens têm mais a ganhar suportando que os outros vivam como bem lhes parece do que os obrigando a viver como bem parece ao resto.[32]

Portanto, podemos afirmar que essa ressignificação de tolerância sob o aspecto liberal se desvinculará gradualmente da realidade social e econômica da sociedade, uma vez que os conflitos provocados por fatores étnicos, políticos e religiosos continuaram a fazer parte da sociedade mundial, tanto internamente a cada Estado quanto entre um Estado e outro. Esse fator irá comprovar a existência da necessidade de continuarmos repensando e dialogando, por meio de um olhar humanitário, sobre o vínculo estreito que há entre a prática da (in)tolerância e o pluralismo de culturas que abrange tanto a esfera religiosa quanto a política.

1.2 POR UMA TOLERÂNCIA DE ABRANGÊNCIA HUMANITÁRIA

Após as reflexões sobre a tolerância que se deram durante o Iluminismo, surge, na maior parte por ideias apresentadas pelos pensadores diante da problemática da intolerância religiosa (além daquela apresentada por Stuart Mill, referindo-se aos problemas éticos e políticos da sociedade), a necessidade de uma reflexão a respeito das novas questões apresentadas após o advento das duas Grandes Guerras Mundiais, momento em que os mais diversos tipos de barbáries cometidas pelo homem, frente ao seu instinto intolerante, surgem diante da sociedade mundial.

As considerações a respeito da tolerância com o advento da Segunda Guerra Mundial[33] intensificaram-se e, como resposta às atrocidades e horrores cometidos durante o nazismo, vários pensadores irão trazer os fundamentos do princípio da tolerância como um meio para dirimir os conflitos

---

32 Ibid., p. 56.
33 PIOVESAN, Flávia. *Direitos humanos e o direito constitucional internacional*. São Paulo: Saraiva, 2010, p. 141.

que surgem na sociedade humana, como resposta a uma sociedade humanitária, democrática, ética e igualitária.

Baseados na ideia de que existe um forte vínculo entre a prática da tolerância pela sociedade e a proteção do exercício total da liberdade, dentro de um contexto democrático, a necessidade da tolerância com o pluralismo cultural, religioso e político torna-se uma defesa de caráter fundamental.

Assim, sobre várias perspectivas teóricas e justificativas dos princípios da tolerância, destacam-se alguns pensadores que irão desenvolver suas teorias a fim de recuperar a argumentação por meio da tolerância política. A partir desse contexto, estes autores buscarão se posicionar pelo fim da intolerância e a efetivação do gozo da liberdade e do pluralismo de culturas que trazem consigo ideias, crenças e convicções políticas diversas de outras preconizadas por grupos diferentes.[34]

Um dos pensadores que se destacaram ao repensar o princípio da tolerância, e que muito contribuiu para que hoje possamos discutir sobre a necessidade do respeito em uma sociedade plural e democrática, na qual os valores são protegidos e devem ser considerados como prática da liberdade individual, foi Karl Popper.

Nascido na Áustria em 1902 e naturalizado na Inglaterra, Popper é considerado um dos grandes filósofos da ciência do século XX. Não deixando de pensar a sociedade e a política, como defensor do ideal democrático, Karl Popper se posiciona com ímpeto contra o totalitarismo.

As ponderações desse autor sobre a tolerância estão baseadas nos pensamentos de Bayle e Voltaire e no reconhecimento das consequências da imperfeição humana. Ao discorrer sobre este conceito, defendendo a não tolerância frente aos intolerantes, para que então não haja ameaça à tolerância, Karl Popper comentará sobre o paradoxo da tolerância,[35] explicando que: a tolerância ilimitada pode levar ao desaparecimento da tolerância, ou

---

34   Vale ressaltar que, na presente investigação, se considere de fundamental importância os princípios da tolerância para o estabelecimento de uma sociedade plural e democrática; porém, como se verá mais à frente na pesquisa, tais princípios apresentam suas próprias limitações frente à demanda para um convívio ético e humanitário, na atual sociedade mundial.
35   POPPER, Karl. *La libertà è piu importante dell'uguaglianza*. Roma: Armando, 2012, p. 84 (tradução nossa).

seja, entende-se que também será ilimitada a qualquer um que seja intolerante; e se a sociedade não estiver disposta a defender a tolerância contra os ataques dos intolerantes, ela terminará por ser aniquilada.

Por essa razão, para o autor,[36] a sociedade deve proclamar, em nome da tolerância, o direito de não tolerar os intolerantes e considerar como crime o incentivo à intolerância, do mesmo modo que se considera crime o estímulo ao assassinato, ao roubo e ao comércio de escravos.

Karl Popper[37] irá expor a rejeição de qualquer tipo de autoritarismo e de dogmatismo pela sociedade e pela reflexão de seus conceitos, do âmbito da ciência para o âmbito da ética, demonstrando que, se o conhecimento é essencialmente falível, a sociedade deve retificar as ideias partindo dos princípios: em primeiro lugar, "eu posso estar errado e você pode ter a razão"; segundo, "conversando racionalmente sobre as coisas, talvez possamos corrigir alguns de nossos enganos"; e terceiro, "se discutirmos racionalmente sobre as coisas, talvez possamos ficar mais próximos à verdade". Consequentemente, a tolerância é o necessário resultado da convicção de sermos homens falíveis: errar é humano, e todos nós cometemos erros continuamente. Portanto, perdoamo-nos uns aos outros pelas nossas loucuras.[38]

Para defender a tolerância contra os nossos inimigos, devemos defender a democracia, as suas instituições e os seus êxitos.[39] O autor aponta que uma sociedade aberta tem por fundamento uma sociedade que, além de tolerar, estimula por meio de suas instituições democráticas a liberdade dos indivíduos e dos grupos, reformando-se continuamente. Dentro desse pensamento, Karl Popper conclui que a sociedade considerada aberta tem a propriedade de apregoar o politeísmo dos valores, devendo fechar-se para os intolerantes e abrir-se para uma ética dos valores e do conhecimento.

---

36 Id., 1974, p. 288-289.
37 ANDRADE DE SOUZA, Marcelo Gustavo. *Tolerar é pouco?* Por uma filosofia da educação a partir do conceito de tolerância. Tese (Doutorado em Educação). Rio de Janeiro: Pontifícia Universidade Católica, 2006, p. 149. Disponível em: http://www.dominiopublico.gov.br/download/texto/cp076150.pdf. Acesso em: 15 fev. 2015.
38 Id., 1989, p. 193 (tradução nossa).
39 Id., 2012, p. 119 (tradução nossa).

Saindo da esfera dos pensamentos de Karl Popper e da sociedade aberta constituída pela ética dos valores e do conhecimento, e adentrando ainda mais na esfera da ética e da política, o filósofo e jurista italiano Norberto Bobbio, de pensamento caracterizado pela fé no princípio da responsabilidade civil, dará uma grande contribuição ao ordenamento jurídico e à filosofia jurídica.

Através de suas várias obras, Bobbio discutirá a crise contemporânea em que está situado o mundo, orientando-se pela filosofia analítica e aplicando-a à linguagem filosófico-jurídica. Irá tratar sobre o tema tolerância, destacando o respeito e a efetivação dos direitos fundamentais do homem, como desenvolvimento de uma democracia justa que, se for concretizada, será possível de se configurar num ambiente de paz duradoura.

O trabalho de Bobbio demonstra a necessidade de uma participação coletiva nas decisões comunitárias, além do alargamento do modelo democrático a todas as nações, a solidariedade entre os homens e o respeito às diversidades encontradas na sociedade.

Falar de tolerância no seu significado histórico diz respeito ao problema da convivência de crenças diversas, tanto religiosa quanto política; e para Norberto Bobbio, na atualidade, o conceito de tolerância está ligado ao problema de convivência das minorias étnicas, linguística, racial, ou seja, entre aqueles que são chamados de diferentes, no campo em que se apresentam verdades opostas.

Norberto Bobbio pondera que:

> Pode-se aduzir em favor da tolerância uma razão moral: o respeito à pessoa alheia. Também nesse caso, a tolerância não se baseia na renúncia à própria verdade, ou na indiferença frente a qualquer forma de verdade. Creio firmemente em minha verdade, mas penso que devo obedecer a um princípio moral absoluto: o respeito à pessoa alheia. Aparentemente, trata-se de um caso de conflito entre razão teórica e razão prática, entre aquilo em que devo crer e aquilo que devo fazer. Na realidade, trata-se de um conflito entre dois princípios morais: a moral da

coerência, que me induz a pôr minha verdade acima de tudo, e a moral do respeito ou da benevolência em face do outro.⁴⁰

Na forma democrática de governo, o reconhecimento do direito de liberdade de cada indivíduo para acreditar em sua consciência está ligado tanto ao seu direito de crença religiosa quanto à sua liberdade de opinião, ou seja, o seu direito inviolável por quem quer que seja. Assim:

> [...] A tolerância não é apenas um mal menor, não é apenas a adoção de um método de convivência preferível a outro, mas é a única resposta possível à imperiosa afirmação de que a liberdade interior é um bem demasiadamente elevado para que não seja reconhecido, ou melhor, exigido. A tolerância, aqui, não é desejada porque socialmente útil ou politicamente eficaz, mas sim por ser um dever ético. Também nesse caso o tolerante não é cético, porque crê em sua verdade. Tampouco é indiferente, porque inspira sua própria ação num dever absoluto, como é o caso do dever de respeitar a liberdade do outro.⁴¹

Para Bobbio, ser tolerante não se trata de uma exigência de renunciar à própria verdade de cada um, nem mesmo uma postura permissiva que justificará qualquer tipo de comportamento. Tolerar, ao contrário, significa entender que se permite alguma coisa em detrimento de outra. Diante desse pensamento, para se entender e solucionar os problemas de ordem política, será necessário analisar os problemas buscando-se por suas soluções.

> Para tanto, entretanto, é imprescindível o reconhecimento da ligação entre verdade e tolerância, considerando que "a tolerância repousa sobre um princípio filosófico, sobre a conscientização da historicidade da verdade e, portanto, sobre a incapacidade do homem atingir uma verdade definitiva e absoluta".⁴²

---

40 BOBBIO, Norberto. *A era dos direitos*. Tradução de Carlos Nelson Coutinho. Rio de Janeiro: Campus, 1992, p. 208-209.
41 BOBBIO, Norberto, loc. cit.
42 Id., 1993, p. 209 (tradução nossa).

As diferentes verdades[43] que se apresentam no seio da sociedade têm origem e desenvolvimento na tolerância, uma vez que esta constitui uma necessidade inerente à natureza da verdade. Isso impedirá a verdade de negar-se em sua base ou reduzir-se a um único aspecto.

No que diz respeito à liberdade, para Bobbio, esta se apresenta como uma condição necessária para a plena realização do homem enquanto sujeito de direitos, e respeitar o outro será a razão da tolerância, pois está estritamente ligada ao princípio universal da liberdade de consciência. Igualmente, a tolerância[44] vai inspirar a própria ação de cada um a um dever absoluto, do mesmo modo que o respeito pela liberdade do outro.

Portanto, é possível afirmar que, para Bobbio, será por intermédio da tolerância que haverá consentimento para que cada indivíduo tenha a liberdade de expressar seu próprio ponto de vista. A tolerância trará um conhecimento de diversas verdades, tornando possível uma recíproca interação que superará as verdades individuais, configurando-se numa verdade mais compreensiva, gerando espaço para que se desenvolva a efetivação de uma convivência mais tolerante.

Pensando a liberdade como fundamento de uma sociedade justa e a necessidade de se pensar o coletivo, o filósofo John Rawls irá trazer uma teoria sobre a tolerância dentro da sociedade, mais especificamente partindo de uma crítica ao utilitarismo.[45] Em sua obra intitulada *Teoria da Justiça*, o autor especificará que o utilitarismo não pensa na justiça e em seu modo de distribuição, não ponderando sobre a igualdade entre os indivíduos que compõe a sociedade. Será a partir dessa crítica ao utilitarismo que John Rawls tecerá seus argumentos em torno da tolerância.

Sustentando uma liberdade igual para todos aqueles que compõem a sociedade, John Rawls expõe que a liberdade de consciência não pode-

---

43 Id., 1955, p. 69 (tradução nossa).
44 Id., 1992, p. 208-209.
45 Princípio ético que tem como precursores Jeremy Bentham e John Stuart Mill, autores esses que defendem o dever de se considerar o bem-estar coletivo acima do individual, numa esfera moral, política e econômica com o fim último de ser alcançada a felicidade. Para um maior aprofundamento sobre o "Utilitarismo", consultar as obras: BENTHAM, Jeremy. *Uma introdução aos princípios da moral e da legislação*. Tradução de Luiz João Baraúna. São Paulo: Abril Cultural, 1974, e, MILL, John Stuart. *Utilitarismo*. Tradução de Eunice Ostrensky. São Paulo: Martins Fontes, 2000.

ria, de modo algum, ser diminuída ou eliminada para atender interesses políticos ou econômicos dentro de uma sociedade.

John Rawls apresentará a ideia de que o problema da tolerância reside no estabelecimento de seus limites. Tais limites deverão ser estabelecidos em função do princípio da liberdade igual para todos e do princípio da diferença de todos. Assim, dentro de uma sociedade justa, o que deve ser tolerado é o que estiver de acordo com uma justiça equitativa:

> Cada pessoa tem uma inviolabilidade baseada na justiça que nem mesmo o bem-estar da sociedade pode sobrepujar. Por esta razão, a justiça nega que a perda de liberdade de uns dê direito a um maior benefício dividido pelos outros. [...] numa sociedade justa, as liberdades entre cidadãos são iguais à tomada como estabelecida.[46]

A proposta de John Rawls é a de que se impere uma tolerância liberal, capaz de reafirmar a proposta de uma tolerância igualitária, uma concepção de tolerância derivada do reconhecimento da igualdade como exercício da autodeterminação civil e política, em que a identidade do indivíduo está garantida pelo governo.

Na sua abordagem sobre os problemas da justiça social, nos temas relacionados com a política da diferença cultural, das liberdades fundamentais e na capacidade de autonomia do indivíduo, John Rawls[47] traz uma abertura para a discussão sobre o multiculturalismo, ou seja: supondo-se a estrutura de instituições exigida pela liberdade igual e pela igualdade equitativa de oportunidades, as maiores expectativas daqueles em melhor situação são justas "se, e somente se, funcionam como parte de um esquema que melhora as expectativas dos membros menos favorecidos da sociedade".

---

46   RAWLS, John. *Uma teoria da justiça*. Tradução de Vamireh Chacon. Brasília: Universidade de Brasília, 1981, p. 27.
47   Encontramos, desse modo, em John Rawls, a origem do debate sobre a necessidade de respeito, por parte do Estado, ao multiculturalismo. Cf. RAWLS, John. *Uma teoria da justiça*. Tradução de Almiro Pisetta e Lenita M. R. Esteves. São Paulo: Martins Fontes, 1997, p. 79-80.

Ou seja, o princípio da diferença nos fornece uma interpretação da fraternidade que, diferentemente da liberdade e da igualdade, não tem ocupado um lugar importante na sociedade democrática. Desse modo, para John Rawls, não se deve esquecer de que:

> O princípio da diferença, entretanto, parece corresponder a um significado natural de fraternidade: ou seja, a ideia de não querer ter maiores vantagens, exceto quando isso traz benefícios para os outros que estão em piores situações. [...] Aqueles que estão em melhor situação estão dispostos a receber seus objetivos mais elevados apenas dentro de um esquema no qual isso resulte em benefícios para os menos afortunados.[48]

Assim, John Rawls demonstra que o objetivo de uma teoria da justiça como equidade afirma-se pela existência de sociedades democráticas justas e solidárias. A cooperação que deve haver nessa sociedade, considerada justa, é a tolerância em diálogo entre as partes; uma sociedade cujos indivíduos são tratados como livres e iguais, dentro de um sistema de cooperação social com políticas públicas que sejam pensadas coletivamente.

Corroborando essa ideia, podemos citar Michael Walzer e sua explicação em torno de uma sociedade democrática:

> El Estado reclama para sí derechos jurisdiccionales exclusivos, considerando a sus ciudadanos como individuos, más que como miembros de un determinado grupo. Por lo tanto, en puridad, lo que resulta objeto de tolerancia son las elecciones y actividades individuales: actos de adhesión, participación en rituales o pertenencia a ciertos cultos, manifestaciones de diferencias culturales, etc. Se alienta así a los hombres y mujeres a tolerarse unos a otro sin tanto que individuos y la diferencia se concibe, en cada caso, como una versión personalizada (y no estereotípica) de la cultura grupal. Esto supone, a su vez, que los miembros de

---
48   Ibid., p. 112-113.

cada uno de los grupos deben, si es que quieren ejercer la virtud de la tolerancia, aceptar los diferentes puntos de vista que cada uno plantea.[49]

Dando continuidade à reflexão sobre uma sociedade justa, preocupada com o desenvolvimento humano e a autodeterminação dos povos, baseados na tolerância com as diversidades, a obra de Rao Chelikani – especificamente o título *Quelques réflexions sur la tolèrance*[50] – apresenta ponderações concisas que inserem a tolerância ainda mais no palco da contemporaneidade.[51]

Em suas ponderações sobre a democracia e a tolerância,[52] Rao Chelikani aborda esta última tratando-a como uma postura pessoal do homem em relação ao outro dentro da sociedade. Desse modo, para o autor, a tolerância vai comportar uma dimensão social que nenhum governo poderá ensinar e, no máximo, esse governo inibirá expressões de intolerância dentro dessa sociedade.

Os valores democráticos somente poderiam ser desenvolvidos[53] entre aqueles que adotarem uma postura tolerante em relação ao outro indivíduo, dentro das diversidades encontradas na sociedade, seja por meio dos diferentes tipos de religião, grupos étnicos, culturais, linguísticos, entre outros.

---

[49] "O Estado reclama para si direitos jurisdicionais exclusivos, considerando aos seus cidadãos como indivíduos, mais que como membros de um determinado grupo. Portanto, estritamente falando, o que resulta objeto da tolerância são as eleições e atividades individuais: atos de adesão, participação em rituais ou filiação a certos cultos, manifestações de diferenças culturais etc. Salienta-se assim aos homens e mulheres a tolerarem-se uns aos outros, na medida em que indivíduos e diferença se concebem, em cada caso, como uma versão personalizada (e não estereotipada) da cultura grupal. Isto supõe, por sua vez, que os membros de cada um dos grupos devem, se é que querem exercer a virtude da tolerância, aceitar os diferentes pontos de vista que cada um enraizou". Cf. WALZER, Michael. La política de la diferencia: estatalidad y tolerancia en un mundo multicultural. *Revista de Filosofía Moral y Política*, n. 14, Madrid, 1996. Disponível em: http://isegoria.revistas.csic.es/index.php/isegoria/article/viewArticle/210. Acesso em: 10 ago. 2014 (tradução nossa).
[50] CHELIKANI, Rao V. B. J. *Quelques réflexions sur la tolèrance*. Paris: UNESCO, 1995 (tradução nossa).
[51] O texto do título foi apresentado pela UNESCO e utilizado como fonte para o desenvolvimento da "Declaração de princípios sobre a tolerância", pela mesma Instituição, no ano de 1995.
[52] CHELIKANI, Rao V. B. J. *Reflexões sobre a tolerância*. Tradução de Catarina Eleonora F. da Silva; Jeanne Sawaya. Rio de Janeiro: Garamond, 1999, p. 36.
[53] CHELIKANI, Rao V. B. J., loc. cit.

Assim, Rao Chelikani defende que a tolerância será o fundamento primário de uma democracia social e igualitária. Se isso ocorrer de forma contrária, haverá fontes de intolerância, posto que:

> Uma maioria política que não reconhece o lugar que cabe às minorias, um modelo cultural e religioso único, a hegemonia linguística, a afirmação da superioridade racial, social ou religiosa e a desigualdade das possibilidades econômicas são outras tantas fontes de intolerância. Encontram-se estreitamente ligadas ao comportamento individual e coletivo dos grupos dominantes da sociedade. A fim de corrigir tais anomalias, cujas raízes são profundas, a equipe governamental deve ser estimulada por efetiva vontade política, ser determinada e solidária.[54]

No caso de o indivíduo[55] reduzir a tolerância a mera reclamação de outro, poder-se-á concluir que se perdeu uma oportunidade de promoção da compreensão e a instituição da paz, uma vez que a tolerância constitui-se na aptidão para a paz como exigência que se dirige ao outro e a si mesmo e, conforme coloca Rao Chelikani, "a vontade de acabar com o sofrimento e as privações na sociedade, a luta pela justiça, a busca da verdade, o desejo de elevar o ser humano a níveis superiores de perfeição, poderiam ser o tipo de motivação a ser estimulada".[56]

Quando se diz que a tolerância é uma virtude individual, isso traz uma perspectiva mais ampliada para a esfera da paz, porque:

> Nem tudo pode ser resolvido na prática da tolerância, ainda que ela possa, em longo prazo, contribuir para soluções. Em determinadas situações de injustiça, a tolerância pode mesmo equivaler à acomodação ao *status quo*, à cumplicidade e ao fatalismo, em particular, quando a intolerância tem raízes coletivas ou institucionais.

---

54   Ibid., p. 37.
55   Ibid., p. 25.
56   CHELIKANI, Rao V. B. J. *Reflexões sobre a tolerância*. Tradução de Catarina Eleonora F. da Silva; Jeanne Sawaya. Rio de Janeiro: Garamond, 1999, p. 28.

> A tolerância consiste em ter crenças e aceitar dialogar com outras pessoas que têm convicções diferentes. É chegar a um consenso com os outros para estabelecer uma coexistência dinâmica e engajar-se em um processo de enriquecimento mútuo permanente.[57]

Pode-se afirmar que, assim sendo, diante dos pensamentos sobre a tolerância, os direitos do homem e sua liberdade fazem parte dos princípios fundamentais que deverão ser observados no século XXI,[58] sendo necessário, para tanto, que se tenha o cuidado de não fazer com que esses direitos – na maior parte das vezes, de um grupo minoritário – sejam considerados como valores impostos por uma parte dominante da sociedade.

O esforço que se deve empenhar é no sentido de reforçar a aceitabilidade das culturas em suas diversidades, numa promoção de valores universais, conforme coloca Rao Chelikani:[59] "[...] é necessário avançar passo a passo, a fim de adquirir uma cultura de tolerância, passando, em seguida, para uma cultura de valores democráticos e, enfim, para uma cultura de paz, que será benéfica para o mundo inteiro".

Diferenciando a tolerância da paz, o que se pode entender, segundo Rao Chelikani, é que a tolerância se trata de um estado mental do indivíduo – estado esse que provém de uma realidade externa –, enquanto a paz se constitui num estado do ser – um estado dependente de esforços combinados entre as instituições da sociedade como religião, instituições sociais e políticas, econômicas, entre outras.

Desse modo, para o autor, a paz somente poderá ser atingida caso se expressem a tolerância e o profundo respeito pelo outro, numa interligação com a solidariedade e a justiça, com a democracia e o respeito pelos direitos humanos:

> Promover a tolerância é, essencialmente, investir no indivíduo, enquanto a promoção da paz obriga, ademais, a operar profunda

---

57   Ibid., p. 26.
58   CHELIKANI, Rao V. B. J., loc. cit.
59   Ibid., p. 45.

reforma institucional, difícil de imaginar e para a qual não dispomos de modelo. Nas relações internacionais contemporâneas é sempre o mais forte que tem a última palavra e que determina o que é bom para todos.[60]

O que o indivíduo necessita indagar para guiar suas atitudes e condutas perante a sociedade deveria ser: "Até que ponto sou tolerável? Até que ponto sou tolerante? Até que ponto devo aceitar a intolerância de outrem?".[61]

Somente após ter respondido a essas questões será possível ao indivíduo reconhecer-se ou não como tolerante, e se está efetivamente contribuindo para a sociedade democrática, humanitária e de paz, mesmo porque:

> A tolerância não significa que se deva aceitar automaticamente o ponto de vista do outro. Reconheçamos as diferenças, caso existam, e respeitemo-las. Desta forma, admitimos o princípio da pluralidade das crenças, das filosofias e das culturas. A diferença entre a tolerância e a hipocrisia consiste, no caso da tolerância, em expressarmos nossas diferenças e as respeitarmos, enquanto, no caso da hipocrisia, escondermos nosso desacordo e fingirmos concordar com o outro.[62]

Assim, na sociedade, será no nível da tolerância[63] que se marcará o grau de civilização constituído, uma vez que será o indivíduo que irá decidir sobre aquilo que deve ser tolerado; enquanto a decisão sobre o que não deverá ser tolerado será da coletividade, conforme pensamento de Rao Chelikani:

> A intolerância é da alçada, portanto, da manutenção da ordem, quando atenta contra a liberdade e a dignidade do todo indivíduo

---

60   CHELIKANI, Rao V. B. J. *Reflexões sobre a tolerância*. Tradução de Catarina Eleonora F. da Silva; Jeanne Sawaya. Rio de Janeiro: Garamond, 1999, p. 30.
61   Ibid., p. 56.
62   Ibid., p. 58.
63   Ibid., p. 61.

que pertence a essa sociedade. A intolerância religiosa, os preconceitos raciais, o ódio, a exclusão social são as formas de intolerância mais corriqueiras e as mais visíveis. [...] Não estou autorizado a usar a força, a ameaça ou a corrupção para impor aos outros meu próprio ponto de vista ou minhas iniciativas. Em minhas relações com os demais, não devo atrapalhá-lo, humilhá-lo, machucá-lo ou obrigá-lo a dar-me seu consentimento contra sua vontade. Tampouco devo explorar sua ignorância em meu proveito.[64]

Para finalizar os pensamentos de Rao Chelikani, a tolerância para o autor é definida como virtude pessoal – virtude essa que irá refletir a atitude do indivíduo, sua conduta e comportamento perante a sociedade, se configurando numa ideia ou capacidade de voltar-se para o outro, de respeitar a realidade distinta que está posta diante de si e que difere, ao tratar-se de outro modo de vivência, da sua própria maneira de ser, viver, agir ou pensar.

Nessa nova realidade que se apresenta perante o indivíduo, ele pode tomar uma postura de indiferença neutra ou aceitar a diferença e tomar proveito dela como fonte de enriquecimento de seu próprio ser.

Dessa forma, a promoção da tolerância é a significação da permissão para o desenvolvimento do indivíduo em suas qualidades, as quais serão convertidas numa universalidade de condições para a sua liberdade e como oportunidade de divulgar o que vem a ser a tolerância – o que vem a ser o tolerar – e, portanto, como contribuir para uma cultura de respeitos humanitários e de paz universal.

Frente ao amplo e complexo conceito de tolerância que se abre no decorrer da história da humanidade, proporcionalmente ao desenvolvimento da complexidade social e às articulações políticas e culturais, esclarecendo com desenvoltura a discussão em torno da tolerância como reconhecimento e respeito das diferenças, diante de uma sociedade pluralista e democrática

---

[64] CHELIKANI, Rao V. B. J. *Reflexões sobre a tolerância*. Tradução de Catarina Eleonora F. da Silva; Jeanne Sawaya. Rio de Janeiro: Garamond, 1999, p. 61.

em que vive o mundo de hoje, as reflexões de Michael Walzer[65] também contribuem de forma contundente para a reflexão em torno da tolerância.

Michael Walzer, em convergência com as ideias e ideais de John Rawls, Norberto Bobbio e Rao Chelikani, irá sustentar a necessidade urgente de se delinear uma política democrática, igualitária e pacificadora, na qual haja uma maior justiça social, apresentada na nova dinâmica característica da globalização política, econômica e cultural na contemporaneidade.

Michael Walzer[66] propõe que a tolerância torna a diferença possível, ao mesmo tempo que a diferença torna a tolerância necessária. Entende-se que a tolerância, como virtude, permitirá a convivência harmônica entre as culturas diversas, enquanto as diferenças permitirão levar em conta os diferentes pontos de vistas sem culminar em conflitos – uma vez que a tolerância sustenta "a própria vida [...] e também sustenta as vidas comuns, as diferentes comunidades em que vivemos – ao contrário da perseguição que, muitas vezes, visa à própria morte".

Preocupado com a prática da tolerância, enquanto consideração das diversidades culturais e sua relação com os diferentes modos de vida na sociedade, Michael Walzer irá traçar uma escala sobre os graus de atitudes da tolerância de forma ascendente, designadas como: resignação, indiferença, aceitação, curiosidade e entusiasmo. Desse modo, sua preocupação:

> Diz respeito à tolerância quando as diferenças em questão são culturais, religiosas ou diferenças no modo de vida – quando os outros não são coparticipantes e não há um jogo comum ou uma necessidade intrínseca para as diferenças que eles cultivam ou praticam.[67]

---

65   Reconhecido como um dos pensadores políticos mais influentes na atualidade, Michael Walzer, de família judaica e naturalizado americano, discute, entre vários temas, a tolerância, o comunitarismo, o multiculturalismo, entre outros que abrangem a sociedade democrática contemporânea.
66   WALZER, Michael. *Da tolerância*. Tradução de Almiro Pisetta. São Paulo: Martins Fontes, 1999, p. XII.
67   Ibid., p. 15.

No primeiro grau de tolerância, encontra-se o aporte significativo do exercício de tolerar as atitudes dos outros como resignação, remontando às origens da tolerância religiosa do Século das Luzes. A tolerância será simplesmente uma resignada aceitação da diferença pela preservação da paz, ou seja, "as pessoas vão se matando durante anos e anos, até que, felizmente, um dia a exaustão se instala, e a isso denominamos tolerância".[68]

Em segundo lugar, avançando num certo grau de tolerância, encontra-se a indiferença frente à diferença. Trata-se de uma atitude passiva no sentido de aceitação dos comportamentos diferentes, que se identifica com um posicionamento colocado como "tem lugar para tudo no mundo".[69]

A terceira atitude no grau de tolerância, a aceitação, decorrerá de uma espécie de estoicismo[70] moral, um "reconhecimento baseado no princípio de que 'os outros têm direitos, mesmo quando exercem tais direitos de modo antipático'".[71]

A curiosidade,[72] como quarta atitude de tolerância, irá vislumbrar uma abertura de atitude curiosa para com os outros, podendo ser configurada como um respeito ou uma disposição em ouvir e aprender com o outro: seria mais ou menos como uma abertura entusiástica à novidade, à diferença apresentada.

Na quinta e última atitude no grau de tolerância, encontra-se o *continuum*, o entusiasmo[73] quanto à diferença, uma aceitação da diferença. Trata-se, portanto, de um endosso estético, se a diferença for tomada como a representação cultural da grandeza e diversidade da criação divina ou do mundo natural. É um endosso funcional, se a diferença for vista, como na liberal argumentação multiculturalista, como uma condição necessária para a prosperidade humana – aquela que possibilita a cada homem e mulher as escolhas que dão significado à sua autonomia.

---

68 Ibid., p. 16.
69 WALZER, Michael. *Da tolerância*. Tradução de Almiro Pisetta. São Paulo: Martins Fontes, 1999, p. 16.
70 Resignação diante do sofrimento, da adversidade, do infortúnio.
71 WALZER, Michael, loc. cit.
72 Ibid., p. 16-17.
73 Ibid., p. 17. grifo nosso.

Neste ponto, discutindo o entusiasmo como uma atitude de tolerância, Michael Walzer irá expor uma problemática ao afirmar que, se como indivíduo eu defendo e apoio a alteridade do outro, não há que se falar em tolerância, pois: "se quero que os outros estejam aqui, nesta sociedade, entre nós, então não estou tolerando, mas sim apoiando a alteridade".[74]

Pessoas que agem desse modo, numa posição do *continuum*, também possuem a virtude da tolerância. Contudo, pode-se não apoiar a todas, mas, sim, algumas diferenças, alguma versão de alteridade, preferindo uma em detrimento de outra que não ameace a própria prática cultural.

Esse pensamento traz a ideia de ampliação do exercício da tolerância, desde a atitude mínima de cada um como resignação, até o entusiasmo pelas diferenças do outro, redimensionando o conceito de tolerância e ajustando a convivência dentro de uma sociedade multicultural e complexa.

Isso implica que o problema da tolerância é o de se relacionar diretamente com a atitude assumida frente aos diversos grupos culturais que se apresentam; e a vantagem, do ponto de vista prático, é a demonstração da possibilidade de coexistência numa sociedade democrática e multicultural.

1.3 TOLERÂNCIA E RESPEITO PELAS DIFERENÇAS

Dando prosseguimento à finalidade da tolerância, chega-se à necessidade do reconhecimento das diferenças na sociedade mundial. Assim, para se atingir o objetivo de aceitação das diversidades culturais, além de uma convivência pacificadora e humanitária, faz-se necessário que a tolerância esteja no centro das discussões quanto à vida humana em comum.

Uma vez que a origem da tolerância[75] provém da aceitação e do respeito às diversidades, considerando-se as concepções individuais ou de diferentes grupos de pessoas e reconhecendo-se a subsistência de dimensões da existência humana não passíveis de comparações ou equivalências, deve-se tomar o cuidado para que os problemas conflituosos que se apresentam no espaço social sejam equacionados, para que, desse modo, as ações efetivas não se realizem em um campo minado de incompreensões.

---

74   WALZER, Michael., loc. cit.
75   MACHADO, Nilson José. *Cidadania e educação*. 4. ed. São Paulo: Escrituras, 2002, p. 85.

Conforme exposto anteriormente, a necessidade contemporânea de cultivar o princípio da tolerância para o reconhecimento das diversidades em uma sociedade multicultural, democrática e globalizada tem início após as atrocidades cometidas durante as duas Grandes Guerras, de onde se origina a necessidade de uma nova compreensão e uma nova política de Direito – política essa voltada para a proteção do ser humano.

Será, portanto, com a Declaração Universal dos Direitos Humanos que, dispondo sobre o ideal comum de uma sociedade baseada na igualdade, liberdade e fraternidade,[76] despontarão as bases da tolerância como um objetivo a ser atingido por todas as políticas democráticas, conforme indica o texto de seus artigos abaixo transcritos:

> Artigo 1º. Todas as pessoas nascem livres e iguais em dignidade e direitos. São dotados de razão e consciência e devem agir em relação uns aos outros com espírito de fraternidade.
>
> Artigo 2º. Toda pessoa tem capacidade para gozar os direitos e as liberdades estabelecidos nesta Declaração, sem distinção de qualquer espécie, seja de raça, cor, sexo, idioma, religião, opinião política ou de outra natureza, origem nacional ou social, riqueza, nascimento, ou qualquer outra condição. Não será tampouco feita qualquer distinção fundada na condição política, jurídica ou internacional do país ou território a que pertença uma pessoa, quer se trate de um território independente, sob tutela, sem governo próprio, quer sujeito a qualquer outra limitação de soberania.
>
> Artigo 7º. Todos são iguais perante a lei e têm direito, sem qualquer distinção, a igual proteção da lei. Todos têm direito a igual proteção contra qualquer discriminação que viole a presente Declaração e contra qualquer incitamento a tal discriminação.

---

76   BITTAR, Eduardo C. B.; ALMEIDA, Guilherme Assis de. (Orgs.) *Mini-código de direitos humanos*. São Paulo: Juarez de Oliveira, 2008, p. 221.

Artigo 18. Toda pessoa tem direito à liberdade de pensamento, consciência e religião; este direito inclui a liberdade de mudar de religião ou crença e a liberdade de manifestar essa religião ou crença, pelo ensino, pela prática, pelo culto e pela observância, em público ou em particular.

Artigo 19. Toda pessoa tem direito à liberdade de opinião e expressão; este direito inclui a liberdade de, sem interferência, ter opiniões e de procurar, receber e transmitir informações e ideias por quaisquer meios e independentemente de fronteiras.

Conforme as disposições contidas na Declaração,[77] vemos que está expressa, internacionalmente, a conquista de um espaço de coexistência com os direitos civis e políticos, gerando um novo significado ao sentido de igualdade e de liberdade, deslocando, por conseguinte, estes valores do plano individual para o plano coletivo, do plano jurídico para o plano social, trazendo uma real mudança qualitativa no sentido de tolerância, que se vincula por si mesma numa ideia de diversidade cultural e de igualdade social.

Portanto, de acordo os pensamentos de Mathias Kaufmann:

> Por razões de princípio, todos estão obrigados a respeitar a autonomia da outra pessoa, o que é uma forma de aceitação, e ninguém está autorizado a interferir na vida de outro homem no sentido de ampliar ou estreitar sua esfera pessoal de liberdade de decisão – seja por autorização ou proibição –, pelo fato de pertencer à maioria ou à minoria. Na medida em que o ato de suportar implica uma hierarquia inadequada, a tolerância entre grupos tem de ser entendida nos dias de hoje como coexistência.[78]

---

77   CARDOSO, Clodoaldo Meneguello. Tolerância: tensão entre diversidade e desigualdade. In: PASSETTI, Edson; OLIVEIRA, Salete de. (Orgs.). *A tolerância e o intempestivo*. São Paulo: Ateliê Editorial, 2005, p. 55.
78   KAUFMANN, Matthias. *Em defesa dos direitos humanos*: considerações histórica e de princípio. Tradução de Rainer Patriota. Rio Grande do Sul: UNISINOS, 2013, p. 94.

Vivendo com uma infinita diversidade de consciências e culturas, como seres humanos, proporcionamos muitas características comuns que são universalmente encontráveis, isto é, um misto de valores que devem ser permanentemente cultivados e universalmente preservados.

Como a cultura[79] compõe um conjunto de significados construídos em diferentes temporalidades e espacialidades, a diversidade cultural característica entre grupos sociais, classes e povos terá suas origens nas condições materiais e sociais de sua história; e será através da tolerância, entendida exclusivamente como respeito genérico às diversidades culturais, que se incluirá, como primeiro passo, a aceitação das desigualdades sociais como fenômenos naturais ou simplesmente se ignorará tais igualdades.

No ano de 1995, os Estados-membros da Organização das Nações Unidas proclamaram e assinaram a Declaração de princípios sobre a tolerância,[80] sendo posteriormente aprovada pela Conferência Geral da UNESCO.

Tal declaração foi proclamada por estarem os Estados-membros alarmados com a intensificação da intolerância, da violência, do terrorismo, da xenofobia, do nacionalismo agressivo, do racismo, da exclusão, do antissemitismo, da marginalização e da discriminação contra minorias nacionais, étnicas, religiosas e linguísticas, entre outras preocupações.

Assim, foi declarado no artigo 1º o conceito atual da tolerância, que dispõe:

> A tolerância é o respeito, a aceitação e o apreço da riqueza e da diversidade das culturas de nosso mundo, de nossos modos de expressão e de nossas maneiras de exprimir nossa qualidade de seres humanos. É fomentada pelo conhecimento, a abertura de espírito, a comunicação e a liberdade de pensamento, de consciência e de crença. A tolerância é a harmonia na diferença. Não só é um dever de ordem ética; é igualmente uma necessidade política e jurídica. A tolerância é uma virtude que torna a paz possível e contribui para substituir uma cultura de guerra por uma cultura

---

79   CARDOSO, Clodoaldo Meneguello. Op. cit., p. 55.
80   Conforme mencionado anteriormente, o texto de Rao Chelikani (*Quelques réflexions sur la tolèrance*. Paris: UNESCO, 1995) foi apresentado pela UNESCO e utilizado como fonte para o desenvolvimento da Declaração de princípios sobre a tolerância.

de paz. [...] A tolerância é o sustentáculo dos direitos humanos, do pluralismo (inclusive o pluralismo cultural), da democracia e do Estado de Direito. [...] A prática da tolerância significa que toda pessoa tem a livre escolha de suas convicções e aceita que o outro desfrute da mesma liberdade. Significa aceitar o fato de que os seres humanos, que se caracterizam naturalmente pela diversidade de seu aspecto físico, de sua situação, de seu modo de expressar-se, de seus comportamentos e de seus valores, têm o direito de viver em paz e de serem tais como são.[81]

Conforme explica Jürgen Habermas,[82] tolerar é o preço que deverá ser pago[83] para uma convivência nos limites de uma sociedade democrática e igualitária, uma sociedade na qual a diversidade cultural desponta e determina a necessidade de uma convivência humana de inter-relações positivas. O que se exige das pessoas é a tolerância em face das práticas consideradas eticamente extraviadas, a partir da perspectiva de cada um.

Diante disso, conforme entende o autor, é necessário haver tolerância, caso se pretenda que permaneça intacto o fundamento do respeito recíproco ao direito do outro. O preço por suportar diferenças éticas desse tipo também é juridicamente exigível, desde que se assegure o direito a uma coexistência de diferentes formas de vida.

Segundo Clodoaldo Meneguello Cardoso,[84] serão as conferências sobre a tolerância que irão comprovar, em diversas partes do mundo, a confirmação de que a humanidade é multicultural e, portanto, existe a necessidade do respeito mútuo entre as diversas culturas, bem como a exigência de tolerância em relação à diversidade de pensamentos, consciência e opiniões.

---

81   UNESCO. *Declaração de princípios sobre a tolerância*. Tradução da Universidade de São Paulo. São Paulo: USP, 1997.
82   HABERMAS, Jürgen. *A inclusão do outro*: estudos de teoria política. Tradução: George Sperber, Paulo Astor Soethe. São Paulo: Loyola, 2002, p. 312.
83   HABERMAS, Jürgen. *A inclusão do outro*: estudos de teoria política. Tradução: George Sperber, Paulo Astor Soethe. São Paulo: Loyola, 2002, p. 312.
84   CARDOSO, Clodoaldo Meneguello. *Tolerância e seus limites*: um olhar latino-americano sobre diversidade e desigualdade. São Paulo: UNESP, 2003, p. 118.

Convém explicar que a tolerância[85] é, fundamentalmente, uma virtude pessoal que reflete a atitude e a conduta social de um indivíduo ou o comportamento de um grupo, podendo ser a ideia, a disposição ou o gesto de voltar-se para uma realidade diferente de sua própria maneira de ser, de agir ou de pensar. Pode, ainda, ser uma postura indiferente ou voluntariamente neutra de reconhecimento da existência da diferença, ou então uma atitude de resistência paciente mesclada de desaprovação, que consiste em aceitar a diversidade, vendo nela uma fonte de enriquecimento, em vez de evidenciar permissividade em relação às coisas, boas ou más, sem julgá-las.

Na tolerância repousa uma das maiores expressões[86] do valor ético do consenso nas relações sociais, devendo-se lembrar que o fundamento da sociedade está vinculado a esse princípio, em que nasce a liberdade e a igualdade – não sob uma resolução desordenada, mas sob o efeito da vontade do homem de conviver com os outros, numa solidariedade pacificadora que aceite as ideias e a diversidade por meio de uma cooperação recíproca e de um digno diálogo.

Para alcançar este consenso, parte-se do dissenso que clama por tolerância. Isto é, o estágio da tolerância se faz necessário em razão do dissenso de princípios, valores, preferências ou formas de vida, como coloca Sanchez Vasquez:[87] "há que se reafirmar que a tolerância pressupõe mais que o reconhecimento originário do outro como diferente, pressupõe a possibilidade de o outro manter sua diferença".

Diante disso, podemos dizer que a tolerância consiste no acatamento de que todas as pessoas que vivam de forma diferente daquela que a sociedade conhece se respeitem e se reconheçam, ou melhor dizendo, o sentido da tolerância é o da valorização da diversidade humana e da busca de viver com o outro de forma respeitosa e saudável.

---

85 CHELIKANI, Rao V. B. J. *Reflexões sobre a tolerância*. Tradução de Catarina Eleonora F. da Silva; Jeanne Sawaya. Rio de Janeiro: Garamond, 1999, p. 19.
86 TREVISAM, Elisaide; LEISTER, Margareth A. A tolerância às diversidades: base da efetivação da sociedade democrática. *Direitos Humanos e Minorias*. 1 ed. Lorena: UNISAL, 2015, v. 1, p. 1-12.
87 SÁNCHEZ VÁZQUEZ, Adolfo. Anverso y reverso de la tolerancia. In: CORDERA CAMPOS, Rafael y HUERTA BRAVO, Eugenia (Coord.), *La Universidad y la tolerancia*, México, UNAM, 1996, p. 44 (tradução nossa).

Para Clodoaldo M. Cardoso, o papel desenvolvido pela tolerância é aquele do reconhecimento da diversidade cultural da humanidade, se tratando da possibilidade de construção de uma cultura tolerante que implicará a satisfação das necessidades das maiorias excluídas, uma vez que:

> A tolerância não pode ocorrer em relacionamentos marcados pela desigualdade, onde ocorre a dominação entre indivíduos ou grupos sociais. O marco da tolerância está na igualdade social. Respeitar a diversidade cultural não pode significar aceitar as desigualdades socioeconômicas. A tolerância deve ser uma ação solidária na superação dessas desigualdades. A tolerância deve ser o reconhecimento da diversidade cultural dos diversos estratos sociais, contrapondo-se à hegemonia de uma cultura dominante que domina e marginaliza as outras classes e grupos sociais.[88]

Pode-se afirmar que a importância da tolerância[89] está na própria natureza do ser humano, da qual procedem os argumentos a favor da boa convivência. Não se trata, portanto, de aceitar o outro pelo respeito àquilo que o indivíduo tem de diferente, como a cultura ou as peculiaridades individuais, mas pela identificação recíproca como seres humanos. É na identidade entre os seres humanos e em sua natureza única que se justifica a tolerância, o respeito e a solidariedade, sendo essa consciência de identidade adquirida somente por meio de esclarecimentos, pelos quais se supera a ignorância e o preconceito.

Como elucida Margareth Anne Leister,[90] a sociedade convive em meio a um pluralismo de formas e culturas, não existindo um sujeito único ou universal, tampouco uma ética universal. Assim, existirão sempre tantos sujeitos quantas verdades existirem, uma vez que se torna fundamental o

---

[88] CARDOSO, Clodoaldo Meneguello. Tolerância: um valor ético para o século XXI. In: GUIMARÃES, Luciano; VICENTE. Maximiliano Martin; COELHO, Jonas Gonçalves (Orgs.). *O futuro*: continuidade ou ruptura. Desafios para a comunicação e para a sociedade. São Paulo: Annablume, 2006, p. 50.
[89] Id., 2003, p. 47.
[90] LEISTER, Margareth A. Aculturação e identidade cultural: uma revisão do Direito Internacional dos Direitos Humanos. *Revista Derecho y Cambio Social*. n. 31, ano X, 2013. La Molina: Perú, p. 8.

conceito de humanidade, baseado numa identificação de situações singulares, numa pluralidade de formas singulares de existência.

Conforme entendimento de Antonio Carlos Wolkmer[91] sobre o pluralismo, independentemente do que seja estabelecido como referência aos contornos teóricos e práticos do pluralismo, temos que compreender que "por trás de um modelo político ou sistema social subsiste sempre uma vida comunitária compartilhada por vontades, interesses e necessidades humanas conflitivas".

Confirmando essa ideia, Anthony Giddens[92] esclarece que, diante das diferenças que se apresentam na sociedade atual, a luta é abandonar o fundamentalismo e tomar por referência inicial – e, no entanto, fundamental – o desenvolvimento de uma tolerância cosmopolita, diante do fato que, num mundo globalizante, todos estão regularmente em contato com o que os outros pensam e vivem.

Assim sendo, a sociedade não é capaz de tornar-se senhora da própria história,[93] mas pode e deve encontrar caminhos que possam melhorar o mundo, que, por vezes, parece estar em total descontrole.

Destaca-se, conforme pensamento de Cardoso,[94] que o sujeito tolerante possui um espírito aberto às críticas de suas opiniões, podendo ter convicções e estar seguro de uma determinada doutrina, porém não se arroga infalibilidade.

Ressalta-se, então, de acordo com Cardoso,[95] que a liberdade de consciência é uma condição fundamental de todo o bem-estar humano, uma vez que expressa o livre desenvolvimento da individualidade da pessoa, isto é, seu valor máximo. Ademais, a tradição e os costumes não podem atuar como elemento cerceador das faculdades humanas individuais, pois essas devem desabrochar no exercício das próprias escolhas.

---

91 WOLKMER, Antonio Carlos. *Pluralismo jurídico*: fundamentos de uma nova cultura no direito. São Paulo: Alfa Omega, 2001, p. 180.
92 GIDDENS, Anthony. *Mundo em descontrole*: o que a globalização está fazendo de nós. Tradução de Maria Luiza X. de A. Borges. 6. ed. Rio de Janeiro: Record, 2007, p. 16.
93 GIDDENS, Anthony, loc. cit.
94 CARDOSO, Clodoaldo Meneguello. Tolerância: tensão entre diversidade e desigualdade. In: PASSETTI, Edson; OLIVEIRA, Salete de. (Orgs.). *A tolerância e o intempestivo*. São Paulo: Ateliê Editorial, 2005, p. 51.
95 CARDOSO, Clodoaldo Meneguello, loc. cit.

Dessa forma, fundamenta-se a tolerância no reconhecimento da diversidade cultural, em um estímulo à atenção para outras formas de pensamento e, ao mesmo tempo, para outros modos de vivência. Não basta o reconhecimento da liberdade e da igualdade. A liberdade e a igualdade deverão ser defendidas para toda a comunidade humana, juntamente com suas desigualdades culturais, uma vez que a diversidade cultural e a convivência social se constituem necessárias ao pleno desenvolvimento humano.

Conforme posto anteriormente,[96] o princípio da tolerância se configura como expressão do valor ético do consenso nas relações sociais e, principalmente, como fundamento das sociedades livres. Além disso, este princípio está vinculado automaticamente à liberdade.

Sendo assim, o princípio da tolerância não poderá estar sob o efeito da desordem, da violência e da exclusão, mas deverá estar repousando sob o efeito da vontade do homem de conviver com os outros, em solidariedade e, para tanto, é imprescindível que haja a aceitação das ideias e da diversidade, impreterivelmente, por meio de uma cooperação recíproca e de um digno diálogo.

Igualmente, tendo em vista as atuais circunstâncias de disparidades sociais, econômicas e políticas, existe a real necessidade de encontrarmos um modo de convivência pacífico, no qual poderemos reconhecer a tolerância como base do comportamento de todos.

Consequentemente, somente mediante a aplicação do princípio da tolerância é que o objetivo de preservação da diversidade cultural, como um processo dinâmico, poderá ser alicerçado. Isso garantirá as bases para a configuração de uma convivência que, no mínimo, acarretará o enriquecimento humano para toda a sociedade.

Ou seja, a tolerância acolhe em seu bojo, dentro de uma sociedade cada vez mais multicultural, a medida essencial para a coexistência e a preservação dos direitos elementares do homem, em que os diferentes serão equilibrados de maneira que o sujeito e o outro sejam recepcionados e abrigados pela liberdade, pela igualdade e pela justiça.

Salienta-se que, apesar de o final do século XX colocar definidamente em pauta a questão da tolerância – observe-se a elaboração das várias Cartas

---

96   TREVISAM, Elisaide; LEISTER, Margareth A. A tolerância às diversidades: base da efetivação da sociedade democrática. *Direitos Humanos e Minorias*. 1. ed. Lorena: UNISAL, 2015, v. 1, p. 1-12.

de Direito –, diante das circunstâncias que, no início do século XXI, dinamizam e intensificam ainda mais os conflitos presentes na sociedade mundial, faz-se imperativa a necessidade de novas reflexões que deem conta desta problemática, mas que, ao mesmo tempo, estejam direcionadas para além do princípio da tolerância.

Isto posto, diante de uma pluralidade cultural cada vez mais ampla, diante da expressão de um valor ético cada vez mais necessário e, ainda, diante do consenso de uma interação política, cultural e social cada vez mais fundamentada na configuração de sociedades livres e democráticas, o fundamento do respeito pelas diversidades e da aceitação do outro, abrigados unicamente no princípio da tolerância – mesmo que este proporcione as bases para uma convivência humana de caráter pacificador –, pode nos levar a incorrer no risco de não se concretizar efetivamente um sistema universal ativo de convívio para a paz. Faz-se necessária, por conseguinte, a efetivação de um sistema que esteja realmente comprometido com a defesa da qualidade do ser humano, sob todos os ângulos de amparo possíveis.

Assim sendo, há de se esclarecer que o novo paradigma de reflexão proposto na presente obra é, sobretudo, uma questão que busca revitalizar a necessidade de uma justiça social e libertadora das diferentes culturas e estruturas sociais, balizadas pelo tratamento igualitário preconizado pelos princípios de um Estado democrático, bem como pelo respeito a uma nova sociedade plural que desabrochou dentro de um panorama multicultural.

A partir das considerações postas neste primeiro capítulo, há de se esclarecer que somente a tolerância não bastará para que se efetive uma convivência justa, livre, igualitária e harmônica para todos.

Para se atingir o objetivo de uma convivência ética, solidária e humanitária, que atenda às necessidades de todos os indivíduos que compõem a sociedade mundializada, é de extrema importância o reconhecimento do outro em sua diferença e o próprio direito a ser diferente. Isso somente será possível por meio de uma estreita observação ao estabelecimento de uma sociedade que, além de respeitar as diversidades ou, ainda, reconhecer os direitos mais elementares da humanidade que vive dentro de um dinamismo multicultural, busque por uma convivência ética, harmoniosa e responsável em respeito ao Outro, sob uma ótica intercultural.

capítulo 2

Multiculturalismo: entre a diversidade e os rumos do reconhecimento

> *"Um mundo em que ninguém é 'forasteiro' [...] é um mundo em que o 'outro' não pode mais ser tratado como inerte. A questão não é somente que o outro 'responda', mas que a interrogação mútua seja possível."*
>
> (Anthony Giddens)

Diante do exposto até o momento, concluímos que a tolerância, mesmo em seu papel fundamental de respeito pelas diferenças dentro da sociedade, encontra-se insuficiente para conciliar uma convivência ética e humanitária, com base no interculturalismo, núcleo da presente reflexão.

Também não seria possível adentrarmos no assunto interculturalismo sem trazermos a ideia de multiculturalismo, pois é a partir do respeito e do reconhecimento das diversidades que chegaremos à acepção de uma convivência humana, pacificadora e responsável para com o Outro.

Deste modo, o que seria viver sob as características de uma sociedade multicultural? De forma geral, a sociedade multicultural pode ser descrita como uma sociedade na qual convive uma pluralidade de culturas. Sob este prisma, o presente capítulo trata do multiculturalismo como um modelo social e político em que existe um espaço para o reconhecimento das diversidades culturais.

A perspectiva do multiculturalismo é embasada no reconhecimento da diferença cultural no espaço público, seja com a afirmação da dignidade de todos, seja pela produção de valores inseridos nas diversas identidades culturais, tratando-se, desse modo, de uma política de integração.

A tutela que se reflete na sociedade refere-se à exigência da introdução de direitos dos grupos, atribuindo-se mais valor à coletividade do que ao próprio indivíduo que faz parte desse grupo; ou seja, trata-se de tutelar a conservação da unidade das diferentes comunidades, perpetuando-se o seu modelo sociocultural para o desenvolvimento da personalidade dos indivíduos.

Pode-se dizer que, para alguns pensadores, o multiculturalismo é visto simplesmente como um signo novo dado a um problema antigo, qual seja, o reconhecimento do outro na construção de uma sociedade pluralista. Contudo, na realidade, o multiculturalismo procura ultrapassar a perspectiva da tolerância modernamente conhecida, surgindo como ferramenta necessária para lidar com a crise de convivência política, cultural e social diante da contemporaneidade.

Dentro de um contexto de proteção e reconhecimento das diversidades, caminhando para um interculturalismo de convivência ética e humanitária, é preciso primeiramente delinear um panorama do que se entende por multiculturalismo.

O termo multiculturalismo é mencionado pela primeira vez no Canadá,[1] na década de 1970, para designar as políticas com objetivo de pro-

---

[1] Como universalidade, entende-se que seu significado seja o de que todos os seres humanos têm direitos ao reconhecimento independentemente de barreiras nacionais, étnicas ou culturais numa completude universal e totalizante. A individualidade significa que esses seres humanos são considerados como pessoas concretas e não como integrantes de uma coletividade e que se atribui valor ético positivo à sua crescente individualização. Já a autonomia significa que esses

mover a polietnicidade e conferir a ideia de que os diferentes grupos estavam legitimados para manter suas diferenças culturais. Surge como uma ferramenta para a crise da modernidade, trazendo consigo uma concepção universalista,[2] protegendo a individualidade e a autonomia dos indivíduos.

De acordo Adela Cortina:

> Em princípio, poderíamos dizer que o multiculturalismo consiste em um conjunto variado de fenômenos sociais, que derivam da difícil convivência e/ou coexistência em um mesmo espaço social de pessoas que se identificam com culturas diferentes. Os problemas que se apresentam não procedem tanto do fato de haver diferentes culturas quanto ao fato de que pessoas com diferentes bagagens culturais tenham de conviver em um mesmo espaço social, seja uma comunidade política, seja uma comunidade humana real em seu conjunto, em que o mais das vezes uma das culturas é dominante.[3]

Mas falar sobre multiculturalismo não é uma tarefa fácil, uma vez que várias teorias são formalizadas diante da expressão, tanto por seus aspectos políticos, quanto sociais e culturais. A questão que estará no foco das reflexões será o tipo de reconhecimento das diversidades culturais dentro de uma sociedade democrática. Em outras palavras:

> La cuestión central del multiculturalismo es como se pueda organizar la convivencia en las sociedades pluralistas – desde el punto de vista étnico, cultural y religioso – de modo que todos los grupos sean tratados de igual manera, con los mismos derechos y dentro de un reconocimiento mutuo y recíproco. Multiculturalismo,

---

seres humanos individualizados são aptos a pensarem por si mesmos, sem tutela da religião ou da ideologia, a agirem no espaço público e a adquirirem pelo seu trabalho os bens e serviços necessários à sobrevivência material. Cf. ROUANET, Sérgio Paulo. *Mal-estar na modernidade*. São Paulo: Companhia das Letras, 2001, p. 9.

2 CORTINA, Adela. *Cidadãos do mundo*: para uma teoria da cidadania. Tradução de Silvana Corbucci Leite. São Paulo: Loyola, 2005, p. 141.

3 Ibid., p. 140.

por tanto, hace referencia tanto en la teoría como en la práctica, a la reivindicación de un modelo de sociedad que se organice de manera coherente con el hecho de la existencia en la sociedad de grupos humanos culturalmente diversos.[4]

Por essa perspectiva, faz-se necessário analisar os vários níveis interpretativos que a sua própria significação ultrapassa, ou seja: para podermos trazer uma ideia do conceito e significado de multiculturalismo, devemos buscar compreender as diversas manifestações culturais na sociedade contemporânea e mundializada.

De acordo com a ideia de Boaventura de Souza Santos e João Arriscado Nunes,[5] a expressão multiculturalismo indica a coexistência de diversas formas de culturas num mesmo contexto social e encontra-se ligada à sociedade moderna. Entre as diferentes noções sobre multiculturalismo, nem todas terão um sentido emancipatório, pois o termo "apresenta as mesmas dificuldades e os mesmos potenciais do conceito de 'cultura', um conceito central das humanidades e das ciências sociais e que, nas últimas décadas, se tornou um terreno explícito de lutas políticas".

Para Vicente de Paulo Barreto,[6] o multiculturalismo "é um fenômeno social contemporâneo positivo, que tem possibilitado a convivência pacífica entre culturas distintas, num mesmo lugar" e tem como objetivo produzir "um entre-lugar, situado entre passado e futuro", tratando-se de um espaço que está "em constante mutação por obra da necessária tradução

---

4   "A questão central do multiculturalismo é como se pode organizar a convivência nas sociedades pluralistas – desde o ponto de vista étnico, cultural e religioso – de modo que todos os grupos sejam tratados de igual maneira, com os mesmos direitos e dentro de um reconhecimento mútuo e recíproco. Multiculturalismo, portanto, faz referência, tanto na teoria quanto na prática, à reivindicação de uma sociedade que se organiza de maneira coerente com o fato da existência na sociedade de grupos humanos culturalmente diversos". Cf. ABELLÁN, Joaquín. Los retos del multiculturalismo para el estado moderno. In: O'FARRELL. Pablo Badillo (Org.). *Pluralismo, tolerancia, multiculturalismo*: reflexiones para un mundo plural. Madri: Universidade Internacional de Andalucía / Akal, 2003, p. 17-18 (tradução nossa).
5   SOUZA SANTOS, Boaventura; NUNES, João Arriscado. Introdução: para ampliar o cânone do reconhecimento, da diferença e da igualdade. In: SOUZA SANTOS, Boaventura (Org.). *Reconhecer para libertar*: os caminhos do cosmopolitismo multicultural. Rio de Janeiro: Civilização Brasileira, 2003, p. 26.
6   BARRETO, Vicente de Paulo. *Dicionário de filosofia do direito*. Rio Grande do Sul: UNISINOS, 2009, p. 590.

provocada pela renovação hermenêutica da simbologia cultural no espaço e no tempo".

Assim, a ideia de multiculturalismo que buscaremos demonstrar no presente estudo, por meio da reflexão de alguns autores que tratam sobre o tema, é aquela de uma convivência com a diversidade que norteia o comprometimento da sociedade pela transformação social. Uma convivência, portanto, que reconheça os direitos fundamentais de grupos de indivíduos que se sintam subjugados pela maioria devido às suas diversidades – maioria essa dominante, que detém o poder e abala as estruturas sociais com posturas formais ou informais de exclusão social.

Conforme explica Vicente de Paulo Barreto, diante da complexidade que "domina as relações contemporâneas", além da "fragmentação dos espaços das identidades culturais", surge com o multiculturalismo a "possibilidade de reação à mundialização e ao processo de individualização desmensurada dos sujeitos". Isso faz com que:

> A incapacidade de enxergar o outro em suas especificidades e simbologias impossibilita o diálogo e vem revelando a fragilidade do ser humano, o que deixa cada vez mais longínqua a solução para a harmonização das diferenças culturais e abre caminho para fundamentalismos de qualquer sorte.[7]

A partir dessa ideia inicial, a presente reflexão nos levará ao tema central desse estudo: demonstrar que somente através de um pensamento intercultural chegaremos ao objetivo de viver uma sociedade mundial – com um patrimônio cultural cada vez mais plural –, numa convivência harmoniosa com as diversidades, onde o respeito pelo outro implicará uma resposta à efetivação dos direitos fundamentais inerentes a todos os seres humanos. Conforme reflexão de Vicente de Paulo Barreto:

> O diálogo intercultural, além de condição determinante para uma convivência pacífica entre os povos, não implica rompimento com

---
7   Ibid., p. 588.

as raízes, tampouco enfraquecimento da cultura do passado; apenas abre portas para o presente, adaptando-se às novas circunstâncias plurais e a um mundo cada vez mais diversificado.[8]

Desse modo, quando falamos da diversidade cultural no interior de uma sociedade, podemos trazer os parâmetros da Declaração Universal sobre a Diversidade Cultural da Unesco para refletirmos:

> Artigo 2º – Em nossas sociedades cada vez mais diversificadas, torna-se indispensável garantir uma interação harmoniosa entre pessoas e grupos com identidades culturais a um só tempo plurais, variadas e dinâmicas, assim como sua vontade de conviver. As políticas que favoreçam a inclusão e a participação de todos os cidadãos garantem a coesão social, a vitalidade da sociedade civil e a paz.[9]

Partindo dessa ideia, o que deve ser colocado em questão é como a diversidade cultural, dentro de uma sociedade democrática e mundializada,[10] é tratada na esfera jurídica, nas estruturas institucionais e políticas, além da representação dos indivíduos ou grupos em suas subjetividades e em relação à realidade em que vivem.

Segundo Fábio Dei,[11] o multiculturalismo se configura como um amplo modo discursivo, uma aproximação entre as diferenças no interior de uma sociedade. Essa ideia do multiculturalismo mostra que as diferenças inseri-

---

8   BARRETO, Vicente de Paulo. *Dicionário de filosofia do direito*. Rio Grande do Sul: UNISINOS, 2009, p. 588.
9   UNESCO. Declaração Universal sobre a Diversidade Cultural. Disponível em: http://unesdoc.unesco.org/images/0012/001271/127160por.pdf. Acesso em: 20 dez. 2014.
10   Uma sociedade democrática está fundada na função elementar de qualquer regime político, como condição de legitimidade, de "garantir a paz e a vida do cidadão. [...] um governo da maioria onde a subsistência não é tida, ao menos em linha de princípio, como um direito de todos, não pode ser designado como uma democracia". Cf. KAUFMANN, Matthias. *Em defesa dos direitos humanos*: considerações histórica e de princípio. Tradução de Rainer Patriota. Rio Grande do Sul: UNISINOS, 2013, p. 79-80.
11   DEI, Fabio. Multiculturalismo senza cultura? In: NESTI, Arnaldo. (Org.) *Multiculturalismo e il pluralismo religioso fra illusione e realtà*: um altro mondo è possibile? Firenze: Universidade de Firenze, 2006, p. 37 (tradução nossa).

das por grupos humanos trazem consigo o direito de preservar-se, saindo do plano do "consentido" e partindo para aquele do "promovido", "salvaguardado", para que não ocorra o risco de dissolução. De acordo com o autor, a diferença no multiculturalismo não se trata de um problema, mas sim de um recurso, uma riqueza em potencial.

Sob outro ponto de vista, fazendo uma distinção entre multicultural e multiculturalismo, Stuart Hall[12] explicará que o termo multicultural é qualitativo, visto que "descreve as características sociais e os problemas de governabilidade apresentados por qualquer sociedade, na qual diferentes comunidades culturais convivem e tentam construir uma vida em comum".

Quanto ao multiculturalismo, o autor[13] entende tratar-se de um termo substantivo, que engloba estratégias e políticas adotadas para administrar os problemas apresentados pela diversidade e pela multiplicidade das sociedades multiculturais. Apesar de ser usado singularmente, pode-se dizer que significa uma filosofia, uma ideia ou, ainda, uma doutrina que sustentará as estratégias multiculturais, portanto, com significado plural.

Assim sendo, para Stuart Hall, tanto o multicultural[14] quanto o multiculturalismo são termos interdependentes e indissociáveis. Mesmo que o "ismo" do multiculturalismo traga uma ideia de doutrina política, não podemos atestar que a heterogeneidade das condições multiculturais possa ser reduzida "a uma doutrina fácil e prosaica", pois o multiculturalismo descreve "uma série de processos e estratégias políticas sempre inacabados".

Entre os pensadores que discutem a questão sob outro prisma, o filósofo canadense Will Kymlicka[15] mantém a fundamentação da sua tese na possibilidade de uma teoria liberal dos direitos das minorias culturais, articulando os valores da liberdade e da igualdade como valores fundamentais para tratar da atualidade.

---

12   HALL, Stuart. *Da diáspora*: identidades e mediações culturais. Tradução de Adelaide La Guardia Resende et al. Belo Horizonte: UFMG, 2003, p. 52.
13   HALL, Stuart, loc. cit.
14   Ibid., p. 52-53.
15   KYMLICKA, W. *La cittadinanza multiculturale*. Bolonha: Il Molino, 1999 (tradução nossa).

Conforme explica Matthias Kaufmann,[16] o filósofo Will Kymlicka "fundamenta sua argumentação a favor dos direitos das minorias na forma de direitos culturais e de grupos", justificando, desse modo, a necessidade de se elaborar uma diferenciação "entre direitos que devem ser concedidos a determinados grupos minoritários e direitos que devem ser negados a outras minorias".

Procurando justificar os direitos das minorias numa sociedade multicultural, Kymlicka[17] busca entender a problemática dos indivíduos partindo da necessidade do conhecimento de suas identidades e de suas raízes, o que permitirá o uso da liberdade de sua autonomia para um plano de vida pleno, na convivência de uma cultura social:

> [...] una cultura que conferisce ai propri membri modi di vivere dotati di senso in un ampio spettro di attività umane, i vi comprese la vita sociale, formativa, religiosa, recreativa ed econômica, nonché la sfera pubblica come quella privata. Questo tipo di cultura tende a essere territorialmente concentrato e a basarsi su una língua comune. Ho chiamato questo tipo di cultura 'sociale' per sottolineare che essa implica la condivisione non solo di ricordo e valori, ma anche di istituzioni e pratiche.[18]

Diante da defesa de identidade cultural exposta por Kymlicka, podemos salientar que surgem conflitos dentro da sociedade e, conforme expõe Andrea Semprini,[19] a vivência dentro de uma sociedade multicultural apresenta um sintoma que indica uma mudança social, uma mudança que provoca conflitos e incertezas.

---

16   KAUFMANN, Matthias. *Em defesa dos direitos humanos*: considerações histórica e de princípio. Tradução de Rainer Patriota. Rio Grande do Sul: UNISINOS, 2013, p. 143-144.
17   KYMLICKA, W., op. cit., p. 134-135 (tradução nossa).
18   "[...] uma cultura que confere aos próprios membros modos de viver dotados de senso em um amplo aspecto de atividade humana lhe incluindo a vida social, formativa, religiosa, recreativa e econômica, bem como na esfera pública e na privada. Este tipo de cultura tende a ser territorialmente concentrado e baseada sobre uma língua comum. Chamei este tipo de cultura social para enfatizar que essa implica o compartilhamento não somente das recordações e valores, mas também de instituições e práticas". Cf. KYMLICKA, W., loc. cit.
19   SEMPRINI, Andrea. *Multiculturalismo*. Tradução de Laureano Pelegrin. São Paulo: EDUSC, 1999, p. 40.

É necessário lembrar que a diversidade cultural se apresentou, nos últimos tempos, como uma das principais fontes de conflito social, principalmente no que diz respeito aos movimentos sociopolíticos baseados numa reconstrução de identidades culturais, além de novas reivindicações de minorias.

Trazendo como exemplo o multiculturalismo norte-americano, Andrea Semprini explica que, apesar do cadinho ou *melting pot*[20] consagrados na "alma" norte-americana, "a diferença – social, racial, étnica – foi, até bem recentemente, mantida dentro dos limites definidos". Desse modo, houve perda dos referenciais de diversos grupos sociais, e essa foi a causa principal para o acirramento de reivindicações multiculturais.

Ora, se numa sociedade multicultural as diferentes identidades culturais precisam coexistir com igualdade de direitos e deveres, a realidade demonstra que, segundo alguns autores, os indivíduos dos grupos minoritários não dispõem de real liberdade e igualdade social e política. As características dessa realidade podem, por vezes, gerar esses conflitos dentro da sociedade.

Diante desses conflitos no decorrer da história, de acordo com os pensamentos de Leister,[21] os argumentos apresentados pelos pensadores do multiculturalismo são afirmações de que esse se trata, pensando o multiculturalismo, de uma etapa fundamental para "garantir uma política de tolerância e democracia onde há conflitos profundos entre as diferentes culturas".

Dentro dessa perspectiva, segundo Luigi Ruggiu e Francesco Mora:

---

20   Metáfora usada para descrever a fusão de diversas etnias, nacionalidades e culturas, surgindo como um modelo de integração social nos Estados Unidos devido à intensa diversificação da sociedade, no que diz respeito às culturas que convivem no país. A expressão *melting pot* surge em 1908, na obra homônima *The melting-pot. Drama in four acts*, de Israel Zangwill, judeu e imigrante nos Estados Unidos (William Booth, *The Washington Post*. Sunday, February 22, 1998. Disponível em: <http://www.washingtonpost.com/wp-srv/national/longterm/meltingpot/melt0222.htm>). Para maior aprofundamento sobre a expressão *melting pot*, consultar: ZANGWILL, Israel. The melting-pot. Drama in four acts. Nova York: The Macmillan Company, 1920. Disponível em: http://ia600303.us.archive.org/33/items/meltingpotdramai00zanguoft/ meltingpotdramai00zanguoft.pdf. Acesso em: 25 jul. 2015.

21   LEISTER, Margareth A. Aculturação e identidade cultural: uma revisão do Direito Internacional dos Direitos Humanos. *Revista Derecho y Cambio Social*. n. 31, ano X, 2013. La Molina: Perú, p. 24-25.

Il presente è fortemente solcato da conflitti, sia tra diversi popoli e culture, sia all'interno dele singole tradizioni culturali soprattutto ma non solo del'Occidente, in gran parte determinate dal fato che le indentità in vario modo costituite fanno fatica ad accettare o decisamente rifiutano le differenze. Nel mentre i tentative di costituire dele società di carattere multirazziale e multiculturale registrano difficoltà nei processi di integrazione reciproca, che talvolta sembrano mettere in questione fin dalle radici i presupposti di tipo etico, politico e culturale sui quali si sono basati quegli stessi tentativi.[22]

Contudo, mesmo diante desses conflitos, não podemos deixar de tentar constituir uma sociedade ética descobrindo no outro a razão de cada individualidade. Conforme explica Andrea Semprini,[23] dentro de uma sociedade multicultural, para se viver um multiculturalismo, é necessária a percepção que o indivíduo tem de si mesmo e de sua individualidade frente à dependência de sua interação e experiência social. Lembrando que essa experiência da diferença é vista como um valor em si somente a partir da interação do indivíduo com o outro; será somente pelo "encontro com o outro" que haverá o enriquecimento e a transcendência dessa experiência.

Convergindo com essa ideia, Alain Touraine explica que não há que se falar na existência de uma sociedade multicultural possível sem o "recurso a um princípio universalista que permite a comunicação entre indivíduos e grupos social e culturalmente diferentes". Será a livre construção da vida pessoal o único princípio que não irá impor nenhuma "forma de organização social e de práticas culturais":

---

22   "O presente é fortemente sulcado de conflitos, seja entre diversos povos e culturas, seja ao interno das individuais tradições culturais em grande parte determinada do fato que as identidades em vários modos constituídas lutam para aceitar, ou, decididamente, recusam as diferenças, enquanto as tentativas de constituir sociedades de caráter multirracial e multicultural registram dificuldades nos processos de integração recíproca, que às vezes parecem pôr em questão, desde as raízes, os pressupostos de tipo ético, político e culturais que são baseados naquelas mesmas tentativas". Cf. RUGGIU, Luigi; MORA, Francesco. *Identità, differenze, conflitti*. Milão: Memesis, 2007, p. 17 (tradução nossa).
23   SEMPRINI, Andrea. *Multiculturalismo*. Tradução de Laureano Pelegrin. São Paulo: EDUSC, 1999, p. 101-103.

> Não se reduz ao *laisser-faire* ou à pura tolerância, primeiro, porque impõe o respeito da liberdade de cada um e, por isso, a recusa da exclusão; em seguida, porque exige que toda referência a uma identidade cultural se legitime pelo recurso à liberdade e à igualdade de todos os indivíduos e não por um apelo a uma ordem social, a uma tradição ou às exigências da ordem pública.[24]

Essa ideia demonstrará que as características de uma sociedade multicultural não estarão embasadas somente na coexistência de valores ou de práticas culturais diferentes. A sociedade multicultural será aquela que as vidas individualizadas irão construir para si, diferentemente; aquilo que as une e as diferencia, buscando em cada um o desejo "de reconhecer no outro o mesmo trabalho de construção que faz em si próprio".[25]

Quando se trata de esclarecer o que vem a ser uma sociedade multicultural, fala-se de uma sociedade[26] que, "longe de romper com o espírito democrático que repousa no universalismo individualista, é o resultado da ideia democrática, como reconhecimento da pluralidade dos interesses, das opiniões e dos valores".

Portanto, podemos afirmar que para entender o multiculturalismo devemos levar em consideração, além da pessoa na sua autonomia, a ideia de equidade, combinando de tal modo o reconhecimento do sujeito e dos grupos em suas particularidades e diferenças, bem como a luta contra as desigualdades sociais, para dar continuidade ao caminho de uma efetiva convivência democrática, livre, igualitária e solidária.

2.1 MULTICULTURALISMO E RECONHECIMENTO

A sociedade multicultural deverá estar voltada para a busca da satisfação e da valorização das necessidades particulares de cada indivíduo, de seus

---

24   TOURAINE, Alain. *Poderemos viver juntos?* Iguais e diferentes. Tradução de Jaime A. Clasen e Ephraim F. Alves. Rio de Janeiro: Vozes, 1999, p. 200.
25   TOURAINE, Alain. *Poderemos viver juntos?* Iguais e diferentes. Tradução de Jaime A. Clasen e Ephraim F. Alves. Rio de Janeiro: Vozes, 1999, p. 217.
26   Ibid., p. 234.

valores e de suas diferenças, enquanto membros de diferentes grupos culturais. Isso somente será possível com o reconhecimento das diversidades culturais encontradas dentro da sociedade atual mundializada.

Ao pensar o multiculturalismo, abordamos um respeito à diferença que vai além da tolerância, além da aceitação do outro: trata-se do reconhecimento e do respeito à igualdade e à liberdade em sua reciprocidade, ou seja, uma sociedade que almeje efetivar os preceitos democráticos e os direitos de qualquer ser humano.

O multiculturalismo,[27] por ser uma estratégia de reconhecimento e representação da diversidade cultural, como também da garantia da autonomia do indivíduo, em sua concepção não poderá ser dissociado do contexto dos combates travados pelos grupos culturalmente oprimidos, frente à classe dominante detentora do poder político.

Urge a necessidade de efetivação da cidadania e da democracia e seus reflexos no multiculturalismo. Essa necessidade está relacionada, intrinsecamente, com a afirmação e representação política das identidades culturais subordinadas. Conforme expõem Sérgio Costa e Denílson Luís Werle:

> [...] O multiculturalismo é a expressão da afirmação e da luta pelo reconhecimento desta pluralidade de valores e diversidade cultural no arcabouço institucional do Estado democrático de direito, mediante o reconhecimento dos direitos básicos dos indivíduos enquanto seres humanos e o reconhecimento das "necessidades particulares" dos indivíduos enquanto membros de grupos culturais específicos. Trata-se de afirmar, como direito básico e universal que os cidadãos têm necessidade de um contexto cultural seguro para dar significado e orientação a seus modos de conduzir a vida; que a pertença a uma comunidade cultural é fundamental para a autonomia individual; que a cultura, com seus valores e suas vinculações normativas, representa um importante campo

---

[27] SILVA, Maria José A. da; BRANDIM, Maria R. Lima. Multiculturalismo e educação: em defesa da diversidade cultural. *Revista Diversa*, n. 1. jan./jun. 2008. p. 31-66. Disponível em: http://www.fit.br/home/link/texto/ Multiculturalismo.pdf. Acesso em: 15 jul. 2014.

de reconhecimento para os indivíduos e que, portanto, a proteção e respeito às diferenças culturais apresenta-se como ampliação do leque de oportunidades de reconhecimento.[28]

Ou seja, de acordo com os pensamentos de Alain Touraine,[29] o outro somente será reconhecido partindo da afirmação "que cada um faz de seu direito de ser sujeito", uma vez que o sujeito não poderá se afirmar como tal sem o reconhecimento do outro como sujeito, sem acabar com o medo que tem do outro – um medo que levará o outro a sua exclusão e ao fim de sua igualdade, a qual deve ser reconhecida por todos numa sociedade democrática.

Mas do que se trata o termo reconhecimento? Para definir o que vem a ser reconhecimento, Paul Ricoeur irá individualizar duas acepções do sentido do termo: a forma ativa do verbo (reconhecer) e a passiva (ser reconhecido), a fim de expor o que venha a configurar a reciprocidade do termo – o reconhecimento intersubjetivo, entre o eu e o outro, indagando:

> Não é em minha identidade autêntica que peço para ser reconhecido? E se, por sorte, me reconhecerem como tal, minha gratidão não será dirigida àqueles que, de uma maneira ou de outra, reconheceram minha identidade ao me reconhecer?[30]

Nessa introdução do estudo sobre o reconhecimento, como um dos pontos-chave do multiculturalismo, podemos buscar os pensamentos de Axel Honneth que, dando à teoria do reconhecimento o *status* de teoria social, entende que, em primeiro lugar, devemos observar que "a reprodução da vida social vem abaixo do imperativo de um recíproco reconhecimento".[31]

---

28 COSTA, Sérgio; WERLE, Denílson Luís. Reconhecer as diferenças: liberais, comunitários e as relações raciais no Brasil. *Revista Novos Estudos*, CEBRAP, n. 49, novembro de 1997, p. 159-178, p. 159.
29 TOURAINE, Alain. *Poderemos viver juntos?* Iguais e diferentes. Tradução de Jaime A. Clasen e Ephraim F. Alves. Rio de Janeiro: Vozes, 1999, p. 203.
30 RICOEUR, Paul. *Percurso do reconhecimento*. Tradução de Nicolás N. Campanário. São Paulo: Loyola, 2006, p. 11.
31 HONNETH, Axel. *Lotta per il riconoscimento*. Milão: Il Saggiatore, 2008, p. 114 (tradução

Desse modo, o multiculturalismo é entendido por Honneth[32] como um componente que vem somar-se ao processo de autoafirmação do indivíduo, considerado um meio útil, portanto, para enriquecer a essência da teoria social do reconhecimento. Esse processo de reconhecimento, segundo o autor, se estabelece a partir de três estados.

Em primeiro lugar está o amor,[33] que se encontra na base da relação de reciprocidade no reconhecimento, onde se consolida uma relação de profundo afeto ao outro, mesmo que este mantenha a sua autonomia. Neste estado, o reconhecimento é "uma afirmação de autonomia sustentada pelo afeto".

Em segundo lugar vem o direito,[34] que se ocupa do reconhecimento jurídico e, desse modo, "do conceito universal da dignidade igualitária, cujo valor se mede pelo grau em que é percebido esse conceito e de sua significância para a sociedade", como necessidade típica de um sistema ético.

Por fim, em terceiro lugar, a solidariedade,[35] tratando-se de um estado em que é dada aos indivíduos uma maior possibilidade de se autoafirmarem, escolhendo individualmente uma forma de autorrealização e os meios para alcançá-la, e determinando um horizonte de valores compartilhados que poderão definir os critérios da estima social.

Quando falamos do desafio do multiculturalismo e sobre a política de reconhecimento nas sociedades democráticas, colocamos em pauta um desafio próprio das democracias liberais, empenhadas na representação igualitária de todos os indivíduos que compõem essas sociedades.

Mas não estará a democracia, como questiona Amy Gutmann,[36] de "forma moralmente inquietante [...] a deixar ficar mal os seus cidadãos através da exclusão ou da discriminação [...]", no momento em que "as grandes instituições não conseguem tomar em consideração as nossas identidades?"

---

nossa).
32 Ibid., p. 154 (tradução nossa).
33 Ibid., p. 128 (tradução nossa).
34 HONNETH, Axel. *Lotta per il riconoscimento*. Milão: Il Saggiatore, 2008, p. 136 (tradução nossa).
35 HONNETH, Axel, loc. cit.
36 GUTMANN, Amy. Introdução. In: TAYLOR, Charles. *Multiculturalismo*. Tradução de Marta Machado. Lisboa: Instituto Piaget, 1998, p. 21-22.

Para responder a esta questão e obter uma reflexão mais aprofundada sobre a busca do reconhecimento nas sociedades multiculturais, Charles Taylor[37] se debruçará sobre essa questão ocupando-se da construção das identidades nas culturas modernas – portanto, daquilo que, na política, se designa por "multiculturalismo".

Diante do que se apresenta atualmente na sociedade mundializada, o autor fundamenta sua reflexão na exigência do reconhecimento como forma de relação entre reconhecimento e identidade. Com base no princípio de como é que uma pessoa se define e como suas características fundamentais fazem dela um "ser humano", ele esclarece:

> A tese consiste no facto de a nossa identidade ser formada, em parte, pela existência ou inexistência de reconhecimento e, muitas vezes, pelo reconhecimento incorrecto dos outros, podendo uma pessoa ou grupo de pessoas serem realmente prejudicadas, serem alvo de uma verdadeira distorção, se aqueles que os rodeiam reflectirem uma imagem limitativa, de inferioridade ou de desprezo por eles mesmos. (sic)[38]

Segundo a reflexão de Taylor,[39] pode-se dizer que o "reconhecimento igualitário não é apenas a situação adequada para uma sociedade democrática saudável". O que deve ser levado em consideração para a compreensão do reconhecimento é que a recusa desse reconhecimento pode prejudicar as pessoas segundo "uma perspectiva generalizada" da projeção de uma imagem do outro como ser inferior e desprezível, podendo "ter um efeito de distorção e opressão, ao ponto de essa imagem ser interiorizada".

Para Taylor,[40] então, o discurso do reconhecimento possui dois níveis: de um lado, um nível na esfera íntima, "onde a formação da identidade e do

---

37 TAYLOR, Charles. *Multiculturalismo*. Tradução de Marta Machado. Lisboa: Instituto Piaget, 1998, p. 45.
38 TAYLOR, Charles, loc. cit.
39 TAYLOR, Charles. *Multiculturalismo*. Tradução de Marta Machado. Lisboa: Instituto Piaget, 1998, p. 56.
40 Ibid., p. 57.

ser é entendida como fazendo parte de um diálogo e luta permanentes com os outros-importantes"; e, por outro lado, na esfera pública, em que "a política de reconhecimento igualitário passou a desempenhar um papel cada vez maior".

Quanto ao pluralismo, Taylor[41] atribuirá preferência ao coletivo em detrimento do sujeito como um ser essencialmente cultural, pois o pluralismo será visto como "uma multiplicidade de identidades sociais, específicas culturalmente e únicas do ponto de vista histórico".

Nessa perspectiva, Taylor considera também que a procura do reconhecimento é a própria demanda de reconhecimento recíproco em meio à vida em sociedade, e a única maneira de se efetivar a exigência de reconhecimento será promover a sociedade em seu conjunto, no constante desafio de se reconhecer a diferença como propulsora da alteridade de cada indivíduo.

Numa crítica à política de reconhecimento de Taylor, Paul Ricoeur[42] irá especificar que Taylor, sob uma ótica da passagem de uma política à outra, busca mais um "deslocamento que uma oposição frontal" na definição da igualdade, que implica a própria ideia de dignidade, explicando que Taylor ficou "'cego às diferenças' em nome da neutralidade liberal", esquecendo-se de que a "noção de respeito igual" entra em conflito a partir do princípio da dignidade e de suas implicações igualitárias.

E os efeitos culturais da diferença, na atualidade, são vários. Para Nancy Fraser,[43] a proximidade do outro, numa sociedade mundial globalizada, traz uma inquietude acentuada ao redor das diferenças, e isso intensificou as lutas pelo reconhecimento.

Diante desse fato, segundo Fraser,[44] o objetivo das políticas de reconhecimento é o de que o mundo aceite as diferenças, e que a integração ou a assimilação das normas culturais dominantes não venham a ser o preço que deverá ser pago para se obter um respeito igualitário.

---

41   CITTADINO, Gisele. *Pluralismo, direito e justiça distributiva*: elementos da filosofia constitucional contemporânea. Rio de Janeiro: Lumen Juris, 2000, p. 1.
42   RICOEUR, Paul. *Percurso do reconhecimento*. Tradução de Nicolás Campanário. São Paulo: Loyola, 2006, p. 228.
43   FRASER, Nancy. La justicia social em la era de la política de identidad: redistribución, reconocimiento y participación. *Revista de Trabajo*. Año 4, n. 6, ago./dez. 2008, p. 83-99. Disponível em: http://www.trabajo.gob.ar/downloads/ cegiot/08ago-dic_fraser.pdf. Acesso em: 10 jun. 2015.
44   Ibid., passim.

Fraser[45] proporá uma análise do reconhecimento tratando-o como *status* social, exigindo do reconhecimento não uma unidade específica de um grupo, mas "a condição dos membros do grupo como parceiros integrais na interação social".

A autora pontua que somente se poderá reparar a injustiça por meio de uma política de reconhecimento, não significando mais uma política de identidade, mas uma política que "visa a superar a subordinação, fazendo do sujeito falsamente reconhecido como um membro integral da sociedade, capaz de participar com os outros membros como igual". Para explicar esse raciocínio, Fraser esclarece:

> O ponto central da minha estratégia é romper com o modelo padrão de reconhecimento, o da "identidade". Nesse modelo, o que exige reconhecimento é a identidade cultural específica de um grupo. O não reconhecimento consiste na depreciação de tal identidade pela cultura dominante e o consequente dano à subjetividade dos membros do grupo. Reparar esse dano significa reivindicar "reconhecimento". Isso, por sua vez, requer que os membros do grupo se unam a fim de remodelar sua identidade coletiva, por meio da criação de uma cultura própria autoafirmativa.[46]

Diferentemente de Taylor e Honneth, Fraser[47] irá propor um reconhecimento baseado numa questão de justiça, explicando tratar-se de injustiça a negação para certos indivíduos ou grupos de indivíduos da "condição de parceiros integrais na interação social, simplesmente em virtude de padrões institucionalizados de valoração cultural", de cujas construções estes indivíduos "não participaram em condições de igualdade", e ainda sob a depreciação de suas características distintivas. Isso implica uma forma de subordinação institucionalizada, ou seja, uma "séria violação da justiça".

---

45   Id., 2007, passim.
46   Ibid., passim.
47   FRASER, Nancy. La justicia social em la era de la política de identidad: redistribución, reconocimiento y participación. *Revista de Trabajo*, Año 4, n. 6, ago./dez. 2008, p. 83-99. Disponível em: http://www.trabajo.gob.ar/downloads/ cegiot/08ago-dic_fraser.pdf. Acesso em: 10 jun. 2015.

Nessa linha de raciocínio, Maria Lucia Silva Barroco[48] elucida que as identidades unidas por certos grupos sociais que se diferenciam de outros não deveriam ter como consequência a exclusão, a desigualdade, além de sofrer com discriminações e preconceitos. Se assim ocorre, é precisamente por suas diferenças não serem aceitas socialmente e, consequentemente, adentra-se no campo de questões de ordem ética e política – ou seja, no espaço da ação, que tem como propósito o reconhecimento do direito à diversidade.

Do mesmo modo, de acordo Zygmunt Bauman,[49] somente se pode respeitar a própria diferença quando se respeita a diferença do outro. Para que se revele o potencial emancipatório, não basta procurar evitar a humilhação do outro; antes de tudo é necessário respeitá-lo e honrá-lo exatamente na sua alteridade, em sua preferência, ou seja, no seu direito de ter preferências – lembrando que o único é universal, e ser diferente é o que faz a semelhança de uns com os outros.

Para Paul Ricoeur, na vivência do multiculturalismo,[50] o que se encontra em comum a todas essas lutas diferentes e, no entanto, frequentemente convergentes, "é o reconhecimento da identidade distinta das minorias culturais desfavorecidas". Trata-se de uma constante busca que diz "respeito à igualdade no plano social", colocando em jogo a "autoestima mediatizada pelas instituições públicas ligadas à sociedade civil" e à própria instituição política na efetivação dos planos sociais.[51]

Como esclarece Jürgen Habermas,[52] a coexistência de indivíduos ou grupos de indivíduos na sociedade, com suas igualdades de direitos de diferentes comunidades étnicas, grupos linguísticos, confissões religiosas e formas de vida, "não pode ser obtida ao preço da fragmentação da sociedade".

---

48   BARROCO, M. L. S. Ética, direitos hamanos e diversidade. *Cadernos Especiais*, n. 37, 28 de agosto a 25 de setembro de 2006. Disponível em: http://www.assistentesocial.com.br. Acesso em: 10 jul. 2015.
49   BAUMAN, Zygmunt. *Modernidade e ambivalência*. Rio de Janeiro: Jorge Zahar, 1999, p. 249.
50   RICOEUR, Paul. *Percurso do reconhecimento*. Tradução de Nicolás Campanário. São Paulo: Loyola, 2006, p. 227.
51   RICOEUR, Paul, loc. cit.
52   HABERMAS, Jürgen. *A inclusão do outro*: estudos de teoria política. Tradução: George Sperber, Paulo Astor Soethe. São Paulo: Loyola, 2002, p. 166.

Em conformidade com esse pensamento, podemos trazer a colocação de Salvador Manuel Cabedo:

> El pluralismo cultural no es conveniente que se evidencie en la fragmentación de la sociedad en comunidades aisladas, sino que debe manifestarse en el mestizaje de una comunidad plural y en la convivencia a través de la relación y comunicación entre las personas que utilizan diferentes categorías de análisis y de interpretación. La diversidad cultural constituye un enriquecimiento y, por sí misma, nunca debe considerarse como una deficiencia y un demérito.[53]

Sendo assim, para buscar conferir[54] espaço ao reconhecimento das diferenças, e à não fragmentação da sociedade, as minorias se manifestam para desafiar os discursos culturais hegemônicos, sendo necessário observar que o entendimento dos fenômenos culturais tem como início a necessidade de compreensão dos mecanismos de poder que regulam e autorizam certos discursos e outros não, contribuindo para fortalecer certas identidades culturais em detrimento de outras.

Como enfatizam Maria José A. da Silva e Maria R. Lima Brandim, o multiculturalismo se opõe a uma padronização imposta pela maioria dominante e tende a exaltar que:

> [...] o direito à diferença nas relações sociais como forma de assegurar a convivência pacífica e tolerante entre os indivíduos caracteriza o compromisso com a democracia e a justiça social, em meio

---

[53] "No pluralismo cultural, não é conveniente que se torne evidente a fragmentação da sociedade em comunidades isoladas, mas deve manifestar-se na mistura de uma comunidade plural e na convivência através da relação e da comunicação entre as pessoas que utilizam diferentes categorias de análise e de interpretação. A diversidade cultural constitui um enriquecimento e, por si mesma, nunca deve considerar-se como uma deficiência e um demérito". Cf. CABEDO MANUEL, Salvador. *Filosofía y cultura de la tolerancia*. Castelló de la Plana: Publicacions de La Universitat Jaume I, 2006, p. 95-96 (tradução nossa).

[54] SILVA, Maria José A. da; BRANDIM, Maria R. Lima. Multiculturalismo e educação: em defesa da diversidade cultural. *Revista Diversa*, n. 1, jan./jun. 2008, p. 31-66. Disponível em: http://www.fit.br/home/link/texto/ Multiculturalismo.pdf. Acesso em: 15 jul. 2014.

às relações de poder em que tais diferenças são construídas. Conceber, enfim, o multiculturalismo numa perspectiva crítica e de resistência pode contribuir para desencadear e fortalecer ações articuladas a uma prática social cotidiana em defesa da diversidade cultural, da vida humana, acima de qualquer forma discriminatória, preconceituosa ou excludente.[55]

Desse modo, estamos a falar de questões de ordem ética e política – espaço esse da ação, que tem como propósito o reconhecimento do direito à diversidade cultural, dentro do multiculturalismo presente em sociedade. Para Maria Lucia Silva Barroco, é importante ter em mente que:

> Em torno da problemática da discriminação e do preconceito, articulam-se determinados valores como a tolerância e a alteridade, valores que adquirem uma dimensão ético-política mais abrangente por implicarem na liberdade e na equidade. Por isso, a questão do pluralismo, assim como a da diversidade não significa ausência de conflitos e interesses, mas sim o posicionamento diante deles, a possibilidade de todos se manifestarem, a responsabilidade ética de tomar uma posição diante do que não concordamos e a condição política de lutar pela hegemonia do projeto que defendemos.[56]

Se a sociedade democrática e multicultural se identifica pelo pluralismo cultural, não podemos nos esquecer da realidade dessas sociedades pluralistas – conforme explica Habermas,[57] quando menciona que, nessas sociedades, convivemos com evidências que se distanciam cada vez mais do Estado nacional constituído por uma população culturalmente

---

55   Ibid., passim.
56   BARROCO, M. L. S. Ética, Direitos Humanos e Diversidade. *Cadernos Especiais*, n. 37, 28 de agosto a 25 de setembro de 2006. Disponível em: www.assistentesocial.com.br. Acesso em: 10 jul. 2015.
57   HABERMAS, Jürgen. *A inclusão do outro*: estudos de teoria política. Tradução: George Sperber, Paulo Astor Soethe. São Paulo: Loyola, 2002, p. 134-135.

homogênea, visto que se desenvolve, a cada dia, uma multiplicidade de formas culturais de vida, de grupos étnicos, de confissões religiosas e de diferentes representações do mundo.

Não se pode transferir os planos políticos[58] ao substrato aparentemente natural de um povo pretensamente homogêneo, pois, por trás de uma fachada como essa, estaria oculta apenas a cultura homogênea de uma parcela dominadora da sociedade.

Sendo assim, para o autor,[59] dentro de um panorama multicultural e democrático instituídos na sociedade, existe essencialmente a necessidade de que o processo democrático se preste como fiança da integração social, e isso porque a sociedade pluralista, no que diz respeito à cultura e às visões de mundo, pratica o papel de fiador desse projeto integrador.

Por impor a efetiva busca por uma real diversidade de opiniões, pela garantia da liberdade individual e reconhecimento do valor intrínseco da variedade dos modos de viver e das experiências de vida, Teófilo Bacha Filho[60] salienta que o pluralismo constitui um caráter basilar para que se combata o conformismo e as forças da uniformização que atuam nas sociedades modernas.

Nessa esteira de pensamento, conforme explica Salvador Cabedo Manuel:

> Sin duda, se debe insistir en la importancia de mantener la propia identidad cultural y defenderla frente a la hegemonía arrogante de cualquier tipo de colonialismo que pretenda presentar su modo de entender la vida como la mejor, imponiéndola a otros pueblos como meta del desarrollo histórico y configuración plena de la civilización.[61]

---

58   HABERMAS, Jürgen. *A inclusão do outro*: estudos de teoria política. Tradução: George Sperber, Paulo Astor Soethe. São Paulo: Loyola, 2002, p. 134-135.
59   HABERMAS, Jürgen, loc. cit.
60   BACHA FILHO, Teófilo. Educação para uma cultura da tolerância. SESC: seminário cultura e intolerância. São Paulo: novembro de 2003. Disponível em: http://www.sescsp.org.br/sesc/images/upload/conferencias/79.rtf. Acesso em: 03 jul. 2014.
61   "Sem dúvida se deve insistir na importância de manter a própria identidade cultural e defendê-la frente à hegemonia arrogante de qualquer tipo de colonialismo, com sua pretensão de

Para o autor, na atual sociedade[62] devemos ter claro que, frente à pretensão dos poderes dominantes que querem impor, a qualquer custo, padrões de comportamento próprios, a sociedade minoritária e marginalizada deverá reivindicar o respeito e a proteção das diversidades.

Ou seja, há que se esclarecer que o pluralismo diz respeito à linguagem da luta contra a homogeneização que causou uma disseminação politeísta de valores e crenças que, em seu desenvolvimento, deu condições a que fosse possível o atual estado de desenvolvimento da questão. Como enfatiza Eduardo Carlos Bianca Bittar:

> A cultura pós-moderna procura identificar nas formas pluralistas de convívio o modelo ideal para a administração das tensões surgidas por ocasião de uma intensa diferenciação cultural que subdivide crescentemente os grupos, as tendências estéticas, as visões de mundo [...] de modo a que se torne possível o convívio na diversidade.[63]

Nesse mesmo raciocínio, Arnaldo Nesti explica que o multiculturalismo vem afirmar que as pessoas, mesmo que de raízes diferentes, poderão coexistir olhando do outro lado das fronteiras culturais. Contudo, o autor questiona:

> Che possibilità abbiamo di creare nelle nostre città forme di vita che siano condivise, ricche e giuste che garantiscano a tutti pieni diritti di cittadinanza democratica e di partecipazione sulla base dell'eguaglianza, rispettando le differenze che intervengono

---

apresentar seu modo de entender a vida como o melhor, impondo a outros povos como objetivo do desenvolvimento histórico e configuração plena da civilização. CABEDO MANUEL, Salvador. *Filosofía y cultura de la tolerancia*. Castelló de la Plana: Publicacions de La Universitat Jaume I, 2006, p. 95-96 (tradução nossa).

62   "Em la actualidad, tenemos muy claro que, ante la pretensión de los poderes dominantes de imponer, a cualquier precio, su cosmovisión y las pautas de comportamiento propias, hay que reivindicar el respeto y la protección de la diversidad, aunque sea minoritaria y esté marginada". Cf. CABEDO MANUEL, Salvador, loc. cit.

63   BITTAR, Eduardo C. B. *O direito na pós-modernidade e reflexões frankfurtianas*. 2. ed. Rio de Janeiro: Forense Universitária, 2009, p. 462-463.

naturalmente quando persone diverse, religione, culture, tradizioni obbligano a vivere in uno spazio condiviso?⁶⁴

Para responder a esse questionamento, Nesti⁶⁵ afirma que, com efeito, o multiculturalismo poderá ter um sentido "somente se favorecer a paz social".

Consequentemente, de acordo com as ideias propostas pelos autores supracitados, pode-se afirmar que somente por meio do respeito e da tolerância pelas diversidades, na vivência de uma sociedade democrática e pluralista, por meio do reconhecimento pela diferença do sujeito ou de um grupo de indivíduos – em sua alteridade e na efetivação da liberdade e da igualdade de direitos –, é que se configurará uma sociedade que preza pelo convívio multicultural. Uma sociedade em que as diferenças façam parte do conjunto social e político, sejam reconhecidas juridicamente e respeitadas por todos.

2.2 EM BUSCA DO RESPEITO E DO RECONHECIMENTO DAS DIFERENÇAS NUMA SOCIEDADE MULTICULTURAL E DEMOCRÁTICA

Retomando as reflexões colocadas até aqui, numa sociedade cada vez mais plural, sob a perspectiva do multiculturalismo, onde as diferenças culturais se fazem presentes, é necessário trazer uma breve discussão sobre a necessidade da busca constante de tolerância, respeito e reconhecimento do indivíduo, para abrir caminho para a efetivação da liberdade e da igualdade como corolários de uma vivência democrática.

---

64 "Que possibilidade havemos de criar nas nossas cidades formas de vida que sejam compartilhadas, ricas e justas que garantam a todos plenos direitos de cidadania democrática e de participação com base na igualdade, respeitando as diferenças que intervêm naturalmente quando pessoas diversas, religiões, culturas, tradições, obrigam a viver em um espaço compartilhado?" Cf. NESTI, Arnaldo. Multiculturalità, pluralismo religioso, conflittualità. Prospettive. In: NESTI, Arnaldo (Org.) *Multiculturalismo e il pluralismo religioso fra illusuine e realtà*: un mondo è possibile? Firenze: Universidade de Firenze, 2006, p. 9 (tradução nossa).

65 "In effetti, il multiculturalismo può avere un senso solo se favorisce la pace sociale, grazie al controlo esercitato dai leaders comunitari sui fedeli, inculcando loro valori peculiari ma sempre di natura da favorire la sottomissione all'ordine globale". Cf. NESTI, Arnaldo. ibid., p. 9-10.

Numa crítica ao multiculturalismo, Slavoj Zizek pontuará que:

> El multiculturalismo es una forma inconfesada, invertida, auto-referencial de racismo, un "racismo que mantiene las distancias": "respeta" la identidad del Otro, lo concibe como una comunidad "auténtica" y cerrada en sí misma respecto de la cuál él, el multiculturalista, mantiene una distancia asentada sobre el privilegio de su posición universal. El multiculturalismo es un racismo que ha vaciado su propia posición de todo contenido positivo (el multiculturalista no es directamente racista, por cuanto no contrapone al Otro los valores particulares de su cultura), pero, no obstante, mantiene su posición en cuanto privilegiado punto hueco de universalidad desde el que se puede apreciar (o despreciar) las otras culturas. El respeto multicultural por la especificidad del Otro no es sino la afirmación de la propia superioridad.[66]

Um mundo que se encontra cada vez mais interdependente do ponto de vista econômico, devido à mundialização, somente poderá continuar progredindo, se, ao contrário do que pensa Slavoj Zizek, dentro de uma vivência multicultural e democrática, as pessoas realmente respeitarem as diversidades que se apresentam na sociedade, de modo a criar uma integração através dos ajuntamentos comuns da humanidade.

Dessa forma, conforme pensa Habermas, se quisermos "tornar o sistema de direitos efetivo por via democrática", faz-se imprescindível considerar as diferenças com uma "sensibilidade sempre maior para o contexto".[67]

---

66 "O multiculturalismo é uma forma não confessada, invertida, autorreferencial de racismo, um 'racismo que mantém as distâncias': respeita a identidade do Outro, o concebe como uma comunidade 'autêntica' e fechada em si mesmo em respeito à qual ele, o multiculturalista, mantém uma distância assentada sobre o privilégio de sua posição universal. O multiculturalismo é um racismo que esvaziou sua própria posição de todo conteúdo positivo (o multiculturalista não é diretamente racista, porque não contrapõe ao Outro os valores particulares de sua cultura), porém, não obstante, mantém sua posição enquanto privilegiado ponto oco de universalidade a partir do qual se pode apreciar (ou depreciar) as outras culturas. O respeito multicultural pela especificidade do Outro não é senão a afirmação da própria superioridade". Cf. ZIZEK, Slavoj. *En defensa de la intolerancia*. Madri: Sequitur, 2008, p. 56-57 (tradução nossa).

67 HABERMAS, Jürgen. *A inclusão do outro*: estudos de teoria política. Tradução: George

Se a igualdade pressupõe formas de inclusão social, enquanto a discriminação implica violenta exclusão e intolerância a diferença e diversidade, pondera-se, no limite do multiculturalismo, a necessidade da asseguração do direito à unicidade e à diversidade existencial sem que haja discriminação, hostilidade e intolerância. Dentro de uma sociedade revigorada pelo respeito à pluralidade e à diversidade, é necessário que se exalte o direito à diferença buscando-se, desse modo, uma construção igualitária e emancipatória de direitos.

Nessa mesma linha de raciocínio, Margareth A. Leister pontua que:

> O retorno à identidade de "valores" não deixa lugar para a alteridade e solidariedade, e na complexa sociedade multicultural, qualquer manifestação nacionalista ou segregacionista representa ameaça ao princípio da igualdade e ao conceito aplicado de liberdade. O reconhecimento e a aceitação de etnicidades, religiões, línguas e valores distintos são elementos da paisagem política do século XXI. E é o conceito de tolerância que tenta enfrentar tais questões.[68]

Por conseguinte, de acordo com essas observações, a atenção da sociedade deverá estar sempre voltada para o que se refere às diversidades, para que não retornem os conflitos sociais marcados pela intolerância no século passado, quando a diversidade das minorias levou a sociedade às violações de direitos do ser humano, como assinala Leister:

> A diversidade cultural tem sido umas das principais fontes de conflito social nos últimos anos, notadamente, movimentos sociopolíticos fundados na reconstrução de identidades culturais e em novas formulações das reivindicações das minorias "étnico-nacional" e "linguístico-cultural", em clara resistência às tendências etnocidas e genocidas do século XX. Nesse contexto, a aculturação –

Sperber, Paulo Astor Soethe. São Paulo: Loyola, 2002, p. 237.
68   LEISTER, Margareth A. Aculturação e identidade cultural: uma revisão do Direito Internacional dos Direitos Humanos. *Revista Derecho y Cambio Social*, n. 31, ano X, 2013, La Molina: Perú, p. 2.

vale dizer, a cultura que modela a cognição e a conduta das pessoas – e os imperativos culturais devem ser considerados na análise das condutas normatizadas nas sociedades plurais.[69]

Isso nos faz relembrar que as atrocidades cometidas na sociedade durante a Segunda Guerra foram causadas pelo ódio pelas diferenças. Fragmentou-se, assim, a vida do ser humano e, segundo Bauman,[70] existem dúvidas que minam a confiança ética e a tranquilidade de consciência da sociedade, sendo uma delas a suspeita de que Auschwitz tenha sido produto legítimo da prática tipicamente moderna de impor a ordem por decreto; do mesmo modo que a outra face da universalização foi a divisão, a opressão e o avanço da dominação, ao mesmo tempo que os fundamentos com suposição universal convieram para mascarar a intolerância frente à alteridade, autorizando a asfixia da diferença – sendo o resultado, por outras palavras, que o preço pago pelo projeto de humanização tenha sido mais inumanidade.

Como explica Flávia Piovesan,[71] desde que as mais graves violações dos direitos do homem foram baseadas na divisão de conceitos do indivíduo contra o outro, e, consequentemente, a diversidade foi captada como elemento que aniquilava direitos, a diferença passou a ser constituída para idealizar o outro como um ser menor em dignidade e direitos. Em outras situações, o outro era tido como um ser sem qualquer dignidade, descartável, supérfluo, objeto de compra e venda ou até mesmo alocado para campos de extermínio.

Desse modo, o temor à diferença tornou-se um fator que permite compreender a primeira fase de assistência das pessoas, marcada pela proteção da igualdade e, ao seu lado, surgindo como direitos fundamentais do ser humano: o direito de ser diferente e o direito à diversidade.

Uma vez que a ideia fundamental para se coibir a intolerância diante

---

69   LEISTER, Margareth A. Aculturação e identidade cultural: uma revisão do Direito Internacional dos Direitos Humanos. *Revista Derecho y Cambio Social*, n. 31, ano X, 2013, La Molina: Perú, p. 1.

70   BAUMAN, Zygmunt. *A vida fragmentada*: ensaios sobre moral pós-moderna. Lisboa: Relógio D'água, 2007, p. 39-40.

71   PIOVESAN, Flávia. Igualdade, diferença e direitos humanos: perspectivas global e regional. In: BENEVIDES, Maria V. de M.; BERCOVICI, Gilberto; MELO, Claudinei de. *Direitos humanos, democracia e república*: homenagem a Fábio Konder Comparato. São Paulo: Quartier Latin, 2009, p. 460.

das diversidades na sociedade[72] consiste na criação de comunidades multiculturais que promovam a diversidade e o pluralismo, logo, é fundamental o respeito às diversidades e a promoção de políticas públicas que reconheçam explicitamente as diferenças culturais. Trata-se aqui de políticas multiculturais que criem uma sociedade mais inclusiva. Basta observar o que dispõe a Declaração Universal sobre a Diversidade Cultural, em seu artigo 5º:

> Os direitos culturais são parte integrante dos direitos humanos, que são universais, indissociáveis e interdependentes. O desenvolvimento de uma diversidade criativa exige a plena realização dos direitos culturais, tal como os define o artigo 27 da Declaração Universal de Direitos Humanos e os artigos 13 e 15 do Pacto Internacional de Direitos Econômicos, Sociais e Culturais. Toda pessoa deve, assim, poder expressar-se, criar e difundir suas obras na língua que deseje e, em particular, na sua língua materna; toda pessoa tem direito a uma educação e uma formação de qualidade que respeite plenamente sua identidade cultural; toda pessoa deve poder participar na vida cultural que escolha e exercer suas próprias práticas culturais, dentro dos limites que impõem o respeito aos direitos humanos e às liberdades fundamentais.[73]

Segundo Margareth Leister,[74] há que se compreender que o multiculturalismo se apresenta como um modo de garantir uma política de tolerância e democracia, onde há conflitos profundos entre as diferenças culturais. Lembrando que este argumento está relacionado à afirmação de que a tentativa de estabelecer normas universais, inevitavelmente,

---

72 LEISTER, Margareth A.; TREVISAM, Elisaide. A tolerância e os direitos humanos: aceitar o multiculturalismo e as diversidades para viver uma cultura democrática. *Revista Mestrado em Direito*, Osasco, ano 12, n. 1, p. 199-227
73 UNESCO. Declaração Universal sobre a Diversidade Cultural. Disponível em: http://unesdoc.unesco.org/images/0012/001271/127160por.pdf. Acesso em: 20 dez. 2014.
74 LEISTER, Margareth A. Aculturação e identidade cultural: uma revisão do Direito Internacional dos Direitos Humanos. *Revista Derecho y Cambio Social*, n. 31, ano X, 2013, La Molina: Perú, p. 24-25.

leva ao racismo e à tirania. Esse argumento pode ser afastado mediante a validação da proteção de culturas diferentes.

Mas, para tanto, faz-se necessária a existência de uma justiça efetiva; e, nesse ponto, Fraser[75] esclarece que, na atualidade, a justiça exige redistribuição e reconhecimento em conjunto, integrando em um único marco global "os aspectos emancipadores das problemáticas" em conflito. Isso deverá partir dos pontos teóricos para idealizar uma concepção bidimensional da justiça, integrando-se tanto as reivindicações da igualdade social quanto as do reconhecimento das diferenças.

Entretanto, como o mundo, na atualidade, está enfrentando essa realidade? Estará a sociedade preparada para abandonar o sentimento nacionalista, de postura universalizante e homogeneizadora, e ser condizente com as diversidades culturais, com respeito mútuo de identidades culturais?

Surgem, então, dúvidas a esse respeito. Segundo Bauman,[76] uma dúvida a ser colocada em questão é se a civilização, eminentemente inadequada no que se refere à sua aplicação universal, para manter a sua força em certas regiões, tem de devastar outras e reduzi-las à miséria, correndo o risco de se esgotar a partir do momento em que deixar de dispor de regiões onde possa despejar os desperdícios de sua construção da ordem e de sua conquista do caos.

Como explica Maria Lucia Silva Barroco,[77] as manifestações culturais que representam atos de violência não podem ser toleradas, posto que representam modos de alienação, cuja superação significa a apropriação de conquistas já efetuadas em termos de desenvolvimento humano genérico; e, em termos de liberdade, significa a superação e a ruptura com os obstáculos que se colocam como limites à plena manifestação dos indivíduos sociais.

Convém lembrar que, para se lidar com a pluralidade, com as diver-

---

75 FRASER, Nancy. La justicia social en la era de la política de identidad: redistribución, reconocimiento y participación. *Revista de Trabajo*. Año 4, n. 6, ago./dez. 2008, p. 83-99. Disponível em: http://www.trabajo.gob.ar/downloads/cegiot/08ago-dic_fraser.pdf. Acesso em: 10 jun. 2015.
76 BAUMAN, Zygmunt. *A vida fragmentada*: ensaios sobre moral pós-moderna. Lisboa: Relógio D'água, 2007, p. 39-40.
77 BARROCO, M. L. S. Ética, direitos humanos e diversidade. *Cadernos Especiais*, n. 37, edição de 28 de agosto a 25 de setembro de 2006. Disponível em: http://www.assistentesocial.com.br. Acesso em: 10 jul. 2015.

sidades e com as diferenças das minorias, que afrontam o estigma daqueles que foram vítimas da própria sociedade, o multiculturalismo deve ser acatado através da tolerância. Assim, haverá grande chance de dar início a uma convivência em harmonia entre as culturas. Para tanto, torna-se indispensável reconhecer que as divergências de ideias observadas na História se repetem na sociedade moderna, sendo somente por meio da compreensão que se poderá respeitar os direitos universais do homem.

Assim sendo, no que diz respeito à emancipação humana, entende-se que o desenvolvimento da História[78] encontra, na relação entre as particularidades que constituem as diversas culturas e modos de ser humanos, a universalidade de suas conquistas na direção da liberdade, além da possibilidade de intercâmbio gerador da riqueza humana historicamente vivenciada e construída.

Conforme esclarece Flavia Piovesan:

> A noção de direitos está estritamente relacionada ao sistema político, econômico, cultural, social e moral vigente em determinada sociedade. Cada cultura possui seu próprio discurso acerca dos direitos fundamentais, que está relacionado às específicas circunstâncias culturais e históricas de cada sociedade. Não há moral universal, já que a história do mundo é a história de uma pluralidade de culturas. Há uma pluralidade de culturas no mundo, e estas culturas produzem seus próprios valores.[79]

Numa sociedade multicultural e mundializada, em que se vive a busca da eficácia dos direitos fundamentais de todos os indivíduos que a compõem, podemos citar os pensamentos de Antônio Augusto Cançado Trindade:

> A universalidade dos direitos humanos decorre de sua própria concepção, ou de sua captação pelo espírito humano, como direitos inerentes a todo ser humano, e a serem protegidos em todas

---

78 BARROCO, M. L. S. Ética, direitos humanos e diversidade. *Cadernos Especiais*, n. 37, edição de 28 de agosto a 25 de setembro de 2006. Disponível em: http://www.assistentesocial.com.br. Acesso em: 10 jul. 2015.
79 PIOVESAN, Flávia, loc. cit.

e quaisquer circunstâncias. Não se questiona que, para lograr a eficácia dos direitos humanos universais, há que tomar em conta a diversidade cultural. [...] As tradições, os dados históricos, culturais e religiosos de cada nação, e os valores de cada povo não podem ser ignorados.[80]

Nessa perspectiva, retomando o pensamento central de Fraser[81] exposto anteriormente, o reconhecimento das diferenças significa o exame dos "padrões institucionalizados de valoração cultural em função de seus efeitos sobre a posição relativa dos atores sociais".

A partir do momento em que esses padrões de valoração cultural constituem "os atores como parceiros", em suas capacidades de participação igualitária com os outros membros da sociedade, em sua vida social, então poderemos afirmar que existe o "reconhecimento recíproco de igualdade".[82]

Portanto, se a discriminação significa desigualdade,[83] consequentemente impõe-se a urgência de erradicação de todas as formas de discriminação baseadas em raça, cor, credo, origem étnica, que tenham como intuito a exclusão. Essa erradicação somente será possível a partir da efetivação de direitos na sociedade.

E se cada grupo humano,[84] qualquer que seja sua origem étnica e o seu fundo histórico, produz cultura e seus valores, então não pode viver e desenvolver-se senão ao interno de um sistema de significados. Se cada cultura humana, enquanto tal, tem igual dignidade, merece, dentro de sua

---

[80] CANÇADO TRINDADE, Antônio Augusto. *Tratado de direito internacional dos direitos humanos*, vol. III. Porto Alegre: Sergio Antônio Fabris, 1997, p. 416.
[81] FRASER, Nancy. Reconhecimento sem ética? *Revista Lua Nova*, 70: 101-138. São Paulo, 2007.
[82] FRASER, Nancy, loc. cit.
[83] PIOVESAN, Flávia. Igualdade, diferença e direitos humanos: perspectivas global e regional. In: BENEVIDES, Maria V. de M.; BERCOVICI, Gilberto; MELO, Claudinei de. *Direitos humanos, democracia e república*: homenagem a Fábio Konder Comparato. São Paulo: Quartier Latin, 2009, p. 470-489.
[84] NESTI, Arnaldo. Multiculturalità, pluralismo religioso, conflittualità. Prospettive. In: NESTI, Arnaldo. (Org.) *Multiculturalismo e il pluralismo religioso fra illusione e realtà*: um altro mondo è possibile? Firenze: Universidade de Firenze, 2006, p. 18 (tradução nossa).

diversidade, igual respeito. Ou seja, conforme afirma Nesti,[85] o multiculturalismo não é mais uma opção para se discutir, aceitar ou refutar: é um dado de fato, uma realidade adquirida em um mundo sempre mais multipolar, multilinguístico, multirreligioso e multiétnico.

Se os valores de cada povo não podem ser ignorados dentro de uma ordem democrática e multicultural, insta evidenciar os pensamentos de Richard Rorty,[86] segundo o qual "a maior parte das comunidades humanas mantêm-se excludentes", com um senso de identidade de seus membros que "dependem do orgulho de não serem certos tipos de pessoas: pessoas que adoram o deus errado, comem comidas erradas, ou têm outras crenças e desejos perversos e repelentes".

Ora, os pensadores não se dariam ao trabalho[87] "de tentar mostrar que certas crenças e desejos são encontrados em qualquer sociedade, ou que estão implícitos em alguma prática humana ineliminável", caso não fosse a esperança e a crença numa possibilidade ou a obrigação de construção de "uma comunidade includente planetária". Com isso, Richard Rorty afirma:

> A política democrática é a tentativa de realizar tal comunidade. [...] A verdade de que há um acordo humano universal a respeito da suprema desejabilidade da verdade e que a verdade é a correspondência com a realidade e que a realidade tem uma natureza intrínseca, ou seja, um modo como o mundo é, e, defendendo essa verdade una, onde o interesse humano universal pela verdade oferece o motivo para criar uma comunidade includente, quanto mais descobre-se a respeito dessa verdade, tanto mais terreno comum se partilha e mais tolerantes e includentes se tornará a humanidade.[88]

---

85   NESTI, Arnaldo, loc. cit.
86   RORTY, Richard. Verdade, universalidade e política democrática: justificação, contexto, racionalidade e pragmatismo. In: SOUZA, José Crisóstomo de. *Filosofia, racionalidade, democracia: os debates Rorty & Habermas*. São Paulo: UNESP, 2005, p. 103-104.
87   RORTY, Richard. Verdade, universalidade e política democrática: justificação, contexto, racionalidade e pragmatismo. In: SOUZA, José Crisóstomo de. *Filosofia, racionalidade, democracia: os debates Rorty & Habermas*. São Paulo: UNESP, 2005, p. 103-104.
88   RORTY, Richard, loc. cit.

Da mesma forma, a ação daqueles que estão comprometidos com os direitos de liberdade e igualdade dos indivíduos que compõem uma sociedade democrática[89] luta pela abrangência da dignidade e do respeito de todos por todos, da compreensão das diferenças por meio do princípio da igualdade.

Essa igualdade quer dizer respeito recíproco aos direitos de todos os indivíduos, efetivação da cidadania, configuração dos ideais democráticos, dos princípios humanitários, da compreensão e aceitação do outro, mesmo que esses sejam diferentes nas suas singularidades ou coletividades.

Apesar disso, de acordo com a explicação de Clodoaldo Meneguello Cardoso, a intensa desigualdade[90] socioeconômica, que advém da exploração externa e interna das elites de um capitalismo direcionado pelas especulações financeiras, vem especificar seu lado mais cruel.

Como exemplo dessa desigualdade, o autor cita o Brasil, explicando que, apesar da mídia divulgar um país símbolo da tolerância universal, a realidade é outra. Esclarece que no Brasil existe um conflito inter-racial marcado pela pobreza e pelas desigualdades que geram situações tão mais perversas do que aquelas em que o racismo é assumido como um problema existente.

Como atualmente o Brasil é um país violento,[91] em que pese os conflitos gerados pelo fato de as diferenças fazerem parte da realidade do país, a possibilidade de reconhecimento poderá se configurar somente por meio da diminuição das desigualdades socioeconômicas, de uma educação para a cidadania e da ampliação da democracia, posto que se amplia cada vez mais a ideia de que a convivência democrática em sociedades pluralistas, políticas e culturais é uma necessidade do mundo atual.

---

89   SILVA, Sergio Gomes da. Direitos humanos: entre o princípio de igualdade e a tolerância. *Revista Praia Vermelha*, v. 19, n. 1, jan./jun. 2010, Rio de Janeiro, p. 79-94. Disponível em: http://www.ess.ufrj.br/ejornal/index.php/ praiavermalha. Acesso em: 05 jul. 2014.
90   CARDOSO, Clodoaldo Meneguello. *Tolerância e seus limites*: um olhar latino-americano sobre diversidade e desigualdade. São Paulo: UNESP, 2003, p. 104.
91   CARDOSO, Clodoaldo Meneguello. *Tolerância e seus limites:* um olhar latino-americano sobre diversidade e desigualdade. São Paulo: UNESP, 2003, p. 104.

Retomando o pensamento de Cardoso[92] sobre as desigualdades econômicas, o autor expõe sua reflexão explicando que, seguramente, a humanidade está alargando seu conhecimento e a democracia vem progredindo no plano institucional. No entanto, a esperança de que um novo tempo de entendimento possa resolver as intensas divisões ideológicas e desigualdades econômicas está ruindo, pois se acirraram, em várias partes do mundo, conflitos regionais entre povos de diferentes etnias e religiões em busca da autodeterminação. Entretanto, pode-se afirmar também que, devido aos problemas da pobreza em que se encontra o mundo, esses conflitos aceleram a violência e a intolerância cultural.

Sendo a miséria[93] um aspecto importante que causa tantos conflitos armados que ainda hoje assolam o planeta, de um lado, os interesses econômicos e políticos revestem-se de intolerância étnico-religiosa, elevando a violência dos conflitos; e, de outro, ampliam a distância entre os mais ricos e os mais pobres.

Se quisermos essa convivência democrática baseada na igualdade, é bom atentar para o que pontua Habermas,[94] ao elucidar que não podemos aceitar que o processo do "desacoplamento" dilacere a sociedade. Esse desacoplamento fará com que a cultura fique dividida em subculturas enclausuradas, posto que a cultura majoritária, para e efetivação da sociedade democrática, deve fundir-se com a "cultura política geral" de maneira uniforme, de modo a ser compartilhada por todos os cidadãos dessa sociedade. Desse mesmo modo:

> Como parte, não poderá mais constituir-se em fachada do todo, se não quiser prejudicar o processo democrático em determinadas questões existenciais, relevantes para as minorias. Por outro lado, as forças de coesão da cultura política comum, a qual se torna tanto mais abstrata quanto forem as subculturas

---

92   CARDOSO, Clodoaldo Meneguello. *Tolerância e seus limites*: um olhar latino-americano sobre diversidade e desigualdade. São Paulo: UNESP, 2003, p. 107.
93   CARDOSO, Clodoaldo Meneguello, loc. cit.
94   HABERMAS, Jürgen. *A inclusão do outro*: estudos de teoria política. Tradução: George Sperber, Paulo Astor Soethe. São Paulo: Loyola, 2002, p. 166.

para as quais ela é o denominador comum, devem continuar a ser suficientemente fortes para que a nação dos cidadãos não se despedace.[95]

Seguindo o raciocínio de Habermas, Cabedo Manuel[96] esclarece que, se for constatado que nem todas as singularidades culturais que existem em um espaço público recebem o mesmo tratamento, em termos de direitos basilares de liberdade e igualdade, os cidadãos e, sobretudo, os representantes políticos devem adotar uma atitude de respeito cultural baseada no valor da dignidade humana, outorgando igualdade de direitos e deveres a todas as pessoas, ainda que diferentes.

Neste sentido, afirma-se que a atitude aberta ao pluralismo de culturas é considerada como uma proposta positiva para a vida social; proposta que irá facilitar uma solução política aos problemas que são apresentados quando os diversos grupos sociais – colocados à parte por suas diferenças – reivindicarem as mesmas oportunidades de representação e participação política.

Segundo Habermas,[97] quando as sociedades pluralistas e multiculturais estão organizadas como Estados democráticos de direito, apresentam diversos meios para que se chegue a uma inclusão com sensibilidade para as diferenças, mudando as totalidades fundamentais dos cidadãos que participam do processo democrático, porém sem tocar nos seus princípios fundamentais de direitos universalmente protegidos.

Para tanto, isso enseja na atual sociedade um ideal de cultura democrática, embasado na tolerância com as diversidades, como explica Mariano J. Ferrero,[98] quando aduz que apenas é possível o alcance desse ideal se hou-

---

95   HABERMAS, Jürgen, loc. cit.
96   CABEDO MANUEL, Salvador. *Filosofía y cultura de la tolerancia*. Castelló de la Plana: Publicacions de La Universitat Jaume I, 2006, p. 101 (tradução nossa).
97   HABERMAS, Jürgen. *A inclusão do outro*: estudos de teoria política. Tradução: George São Paulo: Loyola, 2002, p. 166.
98   "La vitalidad de la democracia como forma de gobierno, y el florecimiento del ideal democrático em la sociedad, requiere del respeto a los derechos de los ciudadanos y la vigencia efectiva de las libertades de pensamiento, asociación y expresión". Cf. FERRERO, Mariano J. Democracia, tolerancia y derechos en las sociedades contemporáneas. Biblioteca Del Congreso Nacional de Chile. Disponível em: http://www.camara.cl/camara/media/seminarios/ democracia/doc_03.pdf. Acesso em: 19 jan. 2015 (tradução nossa).

ver o respeito recíproco dos cidadãos que a formam, pois "a vitalidade da democracia como forma de governo, e o florescimento do ideal democrático na sociedade, requer o respeito aos direitos do cidadão e a vigência das liberdades" fundamentais; ou seja, o respeito aos direitos que:

> [...] permiten la convivencia y el diálogo entre grupos sociales que profesan distintas creencias, priorizan diferentes valores y sustentan una pluralidad de opiniones y preferencias. Las sociedades contemporáneas viven un proceso de cambio cultural que incide en las maneras de vivir juntos que desarrollan las personas y las sociedades, abarcando tanto los modos prácticos en que la gente interactúa, se organiza, y convive, como también las representaciones que se crean de esa misma convivencia social.[99]

O autor[100] elucida ainda que, por este processo de convivência, as atitudes e os laços entre o indivíduo e a sociedade vão se modificando. Assim, no interior de uma sociedade democrática, evidencia-se a necessidade de se fazer frente a uma realidade que promova a existência da exclusão e da discriminação de grupos sociais. Devido às suas diferenças, e, não sendo tratados com justiça – provando do amargor de ser tratado desigualmente –, além da privação de seus direitos elementares, estes grupos sociais terminam por não encontrar meios de se efetivarem como cidadãos incluídos no meio social e político.

Dessa maneira, conforme explana Mariano J. Ferrero, somente por meio da tolerância política a sociedade poderá dinamizar um intento de efetivação dessa democracia como base de forma de governo. Logo:

---

99 "[...] permitem a convivência e o diálogo entre grupos sociais que professam crenças distintas, priorizam diferentes valores e sustentam uma prioridade de opiniões e preferências. As sociedades contemporâneas vivem um processo de câmbio cultural que incide nas maneiras de viver juntos que desenvolve as pessoas e a sociedade, envolvendo tanto os modos práticos em que a gente interatua, se organiza e convive, como também as representações que se criam dessa mesma convivência social". Cf. FERRERO, Mariano, loc. cit.
100   FERRERO, Mariano J. Democracia, tolerancia y derechos en las sociedades contemporáneas. Biblioteca Del Congreso Nacional de Chile. Disponível em: http://www.camara.cl/camara/media/seminarios/ democracia/doc_03.pdf. Acesso em: 19 jan. 2015 (tradução nossa).

> [...] la tolerancia política constituye un nutriente básico del núcleo de la democracia como forma de gobierno, que se caracteriza por la vigencia simultánea de las opciones ciudadanas por el consenso y el disenso em la búsqueda de las soluciones colectivas. [...] Por lo tanto, se trata de una forma de gobierno que construye un consenso, que se pretende mayoritario en ese momento, a la vez que admite y respeta el disenso de las minorías, practicando por tanto una cultura de tolerancia que hace posible la convivencia de una pluralidad de opiniones.[101]

Na mesma linha de raciocínio, Silvana Tótora[102] entende que é indispensável seguir outra via que se mostre distinta do discurso dominante. A autora tratará de uma via que se prende à necessidade dos acordos[103] como promessa de um convívio civilizado e pacificado. Será somente por meio da democracia, da participação e do pluralismo,[104] que se configurará uma representação da política de modo justo, por meio da distribuição do poder que integra as partes do todo.

Concordando com esse pensamento, Norberto Bobbio[105] esclarece que somente será possível uma renovação gradual da sociedade por meio do livre debate das ideias, da mudança das mentalidades e do modo de viver. Em outras palavras, essa renovação somente será possível se houver a efetivação da democracia, como instrumento que permite a formação e a expansão das revoluções silenciosas. Mesmo porque:

---

[101] "A tolerância política constitui um nutriente básico do núcleo da democracia como forma de governo, que se caracteriza pela vigência simultânea das opções cidadãs pelo consenso e o dissenso na busca das soluções coletivas. [...] Portanto, se trata de uma forma de governo que constrói um consenso, que se pretende majoritário nesse momento, quando admite e respeita o dissenso das minorias, praticando, portanto, uma cultura de tolerância que faz possível a convivência de uma pluralidade de opiniões". Cf. FERRERO, Mariano J., loc. cit.

[102] TÓTORA, Silvana. (In)tolerância: vida-poiesis e política. In: PASSETTI, Edson; OLIVEIRA, Salete de. (Orgs.). *A tolerância e o intempestivo*. São Paulo: Ateliê Editorial, 2005, p. 75.

[103] TÓTORA, Silvana, loc. cit.

[104] TÓTORA, Silvana, loc. cit.

[105] BOBBIO, Norberto. *O futuro da democracia*: uma defesa das regras do jogo. Tradução Marco Aurélio Nogueira. 6. ed. Rio de Janeiro: Paz e Terra, 1986, p. 37.

> Em nenhum país do mundo, o método democrático pode perdurar sem tornar-se um costume, mas pode tornar-se um costume sem o reconhecimento da irmandade que une todos os homens num destino comum? Um reconhecimento ainda mais necessário, quando a sociedade se torna a cada dia mais consciente deste destino comum é o de procurar-se agir com coerência, por meio do pequeno lume de razão que ilumina cada ser humano.[106]

É o que nos esclarece Eduardo Calos Bianca Bittar, quando traz o pensamento de que um dos esforços contemporâneos[107] para a firmação e a solidificação da cultura dos direitos do ser humano abrange o desenvolvimento de uma visão de mundo que valoriza a diversidade e o pluralismo, um desenvolvimento que está intrinsecamente ligado ao modelo democrático de sociedade.

O autor ainda questiona: "Como não adentrar ao universo interno das culturas sem romper com seus paradigmas e dogmas tradicionais? Como respeitar culturas e implantar desenvolvimento, democracia e liberdades fundamentais?"[108]

Em resposta a essas indagações, Eduardo Bianca Bittar[109] explica: "enquanto o afluxo dos valores que medram no cenário das relações internacionais continuar situado no âmbito das diferenças, certamente, as oposições serão maiores que os motivos de integração"; e isso fará com que se apresente no meio social "a desagregação, a discriminação, a exploração, entre outros fatores de exclusão".

No mesmo sentido, Silva e Brandim[110] entendem que as sociedades contemporâneas continuam lutando por um poder que não apenas se desenvolve no espaço político e econômico, mas também se estende para o terreno cultural.

---

106   Ibid., p. 39-40.
107   BITTAR, Eduardo C. B. *O direito na pós-modernidade e reflexões frankfurtianas*. 2. ed. Rio de Janeiro: Forense Universitária, 2009, p. 479.
108   Ibid., p. 351.
109   Ibid., p. 353.
110   SILVA, Maria José A. da; BRANDIM, Maria R. Lima. Multiculturalismo e educação: em defesa da diversidade cultural. *Revista Diversa*, n. 1, jan./jun. 2008, p. 31-66.

Segundo o entendimento de Stuart Hall, se nesse terreno cultural o cenário de interdependência global[111] e de intercâmbios culturais contribuem, ainda, para promover racismos, xenofobias, extremismos religiosos, exclusão social, exclusão econômica e étnica, entre outras discriminações que atingem demasiadamente as minorias economicamente mais fragilizadas, torna-se urgente e inadiável a mobilização de esforços para solucionar e combater a opressão e reafirmar os direitos fundamentais do homem, garantindo o direito à pluralidade e às diferenças culturais, a fim de evitar abalos mais profundos nos alicerces da sociedade democrática.

O que não pode ser esquecido, após essa importante reflexão basilar sobre as sociedades democráticas, é que somente por meio do reconhecimento da pluralidade de culturas, da defesa do multiculturalismo e da tolerância com as diversidades – como etapas essenciais para uma convivência ética e humanitária –, poderá ser defendida a existência participativa de culturas que se encontram marginalizadas e excluídas pela sociedade mundializada em que vivemos hoje. Esse é o caminho para uma sociedade na qual a convivência intercultural se fará presente, em que cada indivíduo encontrará no Outro uma parte de si mesmo.

As propostas de reconhecimento dos direitos dos indivíduos ou grupos de indivíduos, frente às suas diversidades, trazidas pelo ideal do multiculturalismo e o devido respeito aos direitos mais fundamentais do homem, irão abrandar as ameaças de conflitos, além de abrir a possibilidade de uma convivência que confere preferência à liberdade e à igualdade de tratamento entre diferentes culturas, bem como da abertura de tratamentos de integração social. No entanto, essa realidade somente será possível caso ocorra um diálogo, uma real e efetiva integração social entre as diferentes culturas, no intuito de promover a proteção dos direitos considerados fundamentais do ser humano, de um modo pacífico, ético e universal.

Como pontua Stuart Hall,[112] o dilema da questão multicultural, existente no "centro do impacto reconfigurador do multicultural", se encontra no questionamento de "como poderão ser reconhecidos o particular e

---

111   SILVA, Maria José A. da; BRANDIM, Maria R. Lima, loc. cit.
112   HALL, Stuart. *Da diáspora*: identidades e mediações culturais. Tradução de Adelaide La Guardia Resende et al. Belo Horizonte: UFMG, 2003, p. 86.

o universal ou as pretensões da diferença e da igualdade". Isso exige um pensamento "para além das fronteiras tradicionais dos discursos políticos existentes e suas 'soluções' prontas". O multiculturalismo implica que "nos concentremos em algo novo e formas novas de combinar a diferença e a identidade, trazendo para o mesmo terreno aquelas incomensurabilidades formais dos vocabulários políticos",[113] qual seja, a conscientização[114] da necessidade do reconhecimento à igualdade, à liberdade, juntamente com o respeito à diferença.

Esta conscientização[115] relaciona-se à natureza problemática da presença humana no mundo, sendo potencialmente comum, a cada indivíduo, compreender somente se está pronto a reconhecer o outro indivíduo ou uma outra cultura, como modificação ou forma da conscientização de que ele mesmo e a sua cultura são formas dessa expressão.

Diante do que foi tratado até aqui, entende-se que para se viver um multiculturalismo e efetivar uma sociedade democrática faz-se indispensável que haja o reconhecimento e o respeito do outro em sua diferença. Será somente desse modo que atingiremos a finalidade de viver um multiculturalismo configurado por uma convivência pacífica, ética e humanitária.

Portanto, é necessário esclarecer que, mesmo que se tolerem as diversidades presentes nas sociedades, mesmo que se respeitem os direitos fundamentais do ser humano em suas diferenças, mesmo que haja uma integração entre os diferentes grupos sociais e culturais ou ainda que se vivencie um multiculturalismo como base da sociedade democrática, por meio do devido reconhecimento da liberdade, da igualdade e da dignidade, há que se destacar que, para viver numa sociedade em que as culturas se encontrem e se integrem, em conjunto com o respeito às diversidades culturais, não basta o reconhecimento das diferenças do Outro, mas também a devida convivência com as diferenças do Outro.

---

113   HALL, Stuart, loc. cit.
114   Entende-se como um ato de conscientização, respeito e reconhecimento, o fato de os indivíduos transcenderem suas particularidades e atingirem um senso universal. Cf. FERRAROTTI, Franco. La crisi dell'eurocentrismo e La convivenza delle culture. In: NESTI, Arnaldo. (Org.) *Multiculturalismo e il pluralismo religioso fra illusione e realtà*: um altro mondo è possibile? Firenze: Universidade de Firenze, 2006, p. 24 (tradução nossa).
115   FERRAROTTI, Franco, loc. cit.

Isso somente será possível quando a sociedade se conscientizar da necessidade de uma convivência intercultural, uma convivência em conjunto com todos os seres humanos e, portanto, uma consciência que venha a afirmar uma convivência ética e humanitária com o Outro.

capítulo 3

O interculturalismo como um caminho para a convivência ética e humanitária

> *"Sem confiança nas demais culturas, a interculturalidade degenera em multiculturalismo, que é uma estratégia, em geral a nível inconsciente, para devorar outras visões do mundo e perpetuar a síndrome da ideologia de uma cultura superior."*
> (Raimon Panikkar)

VIVEMOS NUMA SOCIEDADE DE REALIDADE COMPLEXA, QUE REQUER UM CONCEITO AMPLO do que entendemos sobre o pluralismo cultural.¹ Conforme o que foi colocado

---

1   Modelo internacionalmente hegemônico desde o fim da Segunda Guerra Mundial, mais marcadamente desde os anos 1970, em contextos de paz e democracia para os países. Esta filosofia da diversidade parte, precisamente, de que não é legítimo destruir as culturas e de que é perfeitamente possível a unidade na diversidade. O pluralismo cultural tem sido entendido e formulado também de muitas formas, porém, pode sintetizar-se em um dos grandes princípios: a igualdade de direitos, responsabilidades e oportunidades – princípio esse que podemos denominar de cidadania comum ou geral – e o respeito às diferenças etnoculturais – o direito à diferença. Cf. ROMERO, Carlos Giménez. Interculturalismo. Disponível em: http://www.sociol.unimi.it/docenti/debenedittis/documenti/File/Interculturalismo.pdf. Acesso em: 12 dez. 2015 (tradução nossa).

nos capítulos anteriores, o fato de atentarmos à atual conjuntura de uma sociedade multicultural onde convivem, lado a lado, indivíduos e grupos de indivíduos com suas diferenças culturais – mas onde o conflito entre essas diferentes culturas também expõe a urgência pela busca de novos princípios e posturas de ação –, nos remete à reflexão de que somente o respeito, a tolerância e o reconhecimento de suas diversidades não se encontram aptos, isoladamente, para lidar com a configuração de uma política institucional e social que nos indique os possíveis caminhos para nos libertar do engessamento das culturas dominantes ou de ideias autoritárias, que concorrem para anular a identidade pessoal de cada um, em sua alteridade.

Dentro deste contexto, Habermas expõe que:

> A leitura liberalista da autodeterminação democrática mascara o problema das minorias inatas que é percebido com maior clareza a partir do ponto de vista comunitarista. [...] O problema também surge em sociedades democráticas, quando uma cultura majoritária, no exercício do poder político, impinge às minorias a sua forma de vida, negando assim aos cidadãos de origem cultural diversa uma efetiva igualdade de direitos. Isso tange questões políticas, que tocam o autoatendimento ético e a identidade dos cidadãos. Nessas matérias, as minorias não devem ser submetidas sem mais nem menos às regras da maioria.[2]

Partindo da ideia de que todas as culturas, em certo momento, terminam por outorgar seus próprios valores em favor de outros, como se falar no assentimento de uma cultura considerada universal que imponha, pela força, a todas as outras culturas, uma obrigação de aceitar seu propósito dominador e discriminatório, num relativismo cultural[3] absoluto?

---

2   HABERMAS, Jürgen. *A inclusão do outro*: estudos de teoria política. Tradução: George Sperber, Paulo Astor Soethe. São Paulo: Loyola, 2002, p. 164.
3   O relativismo cultural é um conceito de grande importância para a compreensão do fenômeno do multiculturalismo e do interculturalismo. Surgindo como solução para o etnocentrismo (que pretende julgar as culturas diferentes em função da própria cultura considerada como verdadeira) o relativismo cultural faz referência a atração pelos aspectos de outras culturas, respeitando tanto a nossa cultura quanto a outra, porém, sem se preocupar com as desigualdades que se apresentam.

Ou, como questiona Néstor Garcia Canclini:

> Surge, então, a pergunta sobre se seremos capazes de construir uma ordem intercultural globalizada na qual as dimensões sociais, econômicas, políticas e culturais se reorganizem a fim de que aprendamos a descobrir o valor do diferente, a reduzir a desigualdade que converte as diferenças em ameaças irritantes e a gerar conexões construtivas à distância – para produzir outra concepção transnacional da cidadania.[4]

A proposta para dirimir essa problemática encontra força na configuração de uma ética cultural que apresente em si um caráter universal, uma ética em que o Eu e o Outro vivam em torno da comunhão de identidades, numa conduta social em conformidade com o bem comum, capaz de orientar o sentido de viver de maneira harmoniosa e respeitável, tanto individual quanto coletivamente, respeitando-se o direito de cada um em sua alteridade.

Para Alain Torraine,[5] como as relações entre os sujeitos não se tratam de relações ordinárias, podemos dizer que estas repousam sobre "um princípio de relação que não é a pertença à mesma cultura e à mesma sociedade", mas um comum esforço para constituir-se em sujeito. Destarte, sem o reconhecimento do outro:

> A passagem do sujeito ao ator social seria impossível, mas essa compreensão do outro instaura igualmente uma relação que não é da mesma ordem das relações profissionais ou econômicas. É uma contra-sociedade que se forma assim, a semente de uma sociedade política que não seria mais uma comunidade de cidadãos, mas uma associação voluntária de atores sociais que resistem a todas as lógicas impessoais de poder.[6]

---

4   CANCLINI, Néstor García. *Diferentes, desiguais e desconectados*: mapas da interculturalidade. Tradução de Luis Sérgio Henriques. Rio de Janeiro: UFRJ, 2005, p. 268.
5   TORRAINE, Alain. *Poderemos viver juntos?* Iguais e diferentes. Tradução de Jaime A. Clasen e Ephraim F. Alves. Rio de Janeiro: Vozes, 1998, p. 102.
6   TORRAINE, Alain, loc. cit.

A afirmação de Torraine traz à tona que a relação entre sujeitos é uma relação de amizade por meio do respeito: mesmo não implicando a conivência suposta pela pertença, exige o respeito e a consideração do Outro como o igual de si mesmo.

Partindo dessa ideia, devemos pensar num sentido mais amplo, que procure transpor o plano da tolerância como respeito ao outro e do multiculturalismo – que define a coexistência de várias culturas dentro de uma sociedade e que preza pelo reconhecimento das subjetividades de cada sujeito.

Devemos focar no avanço necessário de um pensamento intercultural, uma ideia que implique na comunicação e no intercâmbio entre indivíduos e grupos de indivíduos das mais diversas culturas que se apresentam na atual sociedade, para um mútuo enriquecimento da vida em coletividade.

Deste modo, com fundamento no núcleo da proteção dos direitos fundamentais[7] de toda a civilização que compõe a atual sociedade mundial, almejamos o ideal de uma sociedade que seja capaz de integrar as diferenças culturais. Essa sociedade deve ter como pilar um projeto comum a partir de um princípio de igualdade, coesão e respeito à dignidade humana e, como desafio, uma convivência humanitária dentro de um projeto plural, assentados numa ética que se volte para a compreensão do Outro.

Para melhor explicar esse contexto, podemos citar Vicente de Paulo Barreto:

> [...] O esforço tridimensional entre Estado, Sociedade Civil e comunidade Internacional viabilizará a possibilidade da descoberta material do outro, como condição imprescindível para a concretização ética da dignidade da pessoa humana no Direito, trazendo consigo a possibilidade da convivência cultural heterogênea. Para tanto é necessário não somente tolerar a diversidade, mas também exercer a solidariedade enquanto ação

---

7   Não podemos olvidar que o Direito é um potente meio de integração entre as culturas e, principalmente, na defesa da proteção e da efetivação dos direitos humanos consagrados universalmente.

que mobiliza a sociedade civil, os Estados, os blocos econômicos e toda a racionalidade estrutural que caracteriza os primórdios do novo século. Na ordem intercultural, a factibilidade realizadora, por meio do sistema direito, permite que se erga uma ponte entre a exclusão e a inclusão, funcionando como desafio determinante para a realização do maior grau de justiça no exercício da cidadania multicultural.[8]

Essa é a reflexão proposta neste capítulo, no qual se buscará demonstrar a necessidade de uma convivência intercultural, em que o Eu e o Outro estejam em perfeita conexão, independentemente das diferenças.

3.1 DEFININDO O CONCEITO DE INTERCULTURALISMO

A atual conjuntura mundial, diante da complexidade de uma convivência de respeito e solidariedade humana, com as consequências dos conflitos que se iniciam a partir da discriminação, dos preconceitos e da exclusão de certos valores culturais em detrimento de outros, demanda a urgência pelo estabelecimento de uma conexão intercultural entre os indivíduos, entre os grupos de indivíduos e entre os povos das diferentes nações e culturas.

Ao falarmos até agora sobre a tolerância e o multiculturalismo, nos deparamos com a necessidade de ultrapassar os valores de respeito e reconhecimento das subjetividades de cada indivíduo ou de grupos de indivíduos, adentrando na noção da efetivação de uma convivência global, na qual todos os seres humanos interagem e se uniformizem, dentro de um mútuo processo capaz de estabelecer um diálogo entre as diferentes culturas.

Quando descrevemos a ideia de multiculturalismo, no contexto de uma realidade social inserida no movimento de interação cada vez mais intenso e dinâmico da atualidade, em presença dos diferentes grupos culturais, busca-

---

[8] BARRETO, Vicente de Paulo. *Dicionário de filosofia do direito*. Rio Grande do Sul: UNISINOS, 2009, p. 592.

-se o reconhecimento das diversidades, dentro dos preceitos de uma sociedade democrática. No entanto, em consciência desta realidade, por muitas vezes as circunstâncias colocam em jogo fatos concretos que "explicitam diferentes interesses, discriminações e preconceitos presentes no tecido social".[9]

Dentro dessa realidade, estas mesmas circunstâncias se revelam como permeadas "por relações de poder, historicamente construídas" e marcadas "por desigualdades e estereótipos raciais e culturais",[10] levando a provocar, no final das contas, a discriminação social e cultural.

Portanto, para avançarmos na conceituação de interculturalismo, vamos partir da explicação sobre o significado do prefixo "inter". Para especificar esse significado, podemos trazer a elucidação de Muñoz Sedano:

> O prefixo inter indica uma relação entre vários elementos diferentes: marca uma reciprocidade (interação, intercâmbio, ruptura do isolamento) e, ao mesmo tempo uma separação ou disjuntiva (interdição, interposição, diferença). Este prefixo não corresponde a um "mero indicador retórico, mas se refere a um processo dinâmico marcado pela reciprocidade de perspectivas". Estas perspectivas são representações sociais construídas em interação.[11]

A ênfase sobre o "inter" recai sobre a sua explícita designação de uma situação histórica, de uma atividade ético-política, de uma prática epistemológica fundada no conceito de relações interpessoais.

Conforme explica Mirian Hernández-Reyna,[12] num primeiro sentido, o prefixo "inter" significa, como nominativo, o espaço entre duas coisas

---

9   CANDAU, V. M. Interculturalidade e educação escolar. Disponível em: http://www.dhnet.org.br/direitos/militantes/veracandau/candau_interculturalidade.html. Acesso em: 16 jul. 2015.
10   CANDAU, V. M., loc. cit.
11   MUÑOZ SEDANO, A. *Educación Intercultural*: teoría y práctica. Madrid: Escuela Española, 1997, p. 119. Apud CANDAU, V. M. Interculturalidade e educação escolar. Disponível em: http://www.dhnet.org.br/direitos/militantes/veracandau/candau_interculturalidade.html. Acesso em: 16 jul. 2015.
12   HERNÁNDEZ-REYNA, Miriam. Sobre los sentidos de multiculturalismo e interculturalismo. *Revista Ra Ximbhai*, v. 3, n. 2, maio-ago. de 2007, Universidad Autónoma Indígena de México. El Fuerte, México, p. 429-442. Disponível em: http://www.redalyc.org/articulo.oa?id=46130212. Acesso em: 12 nov. 2015 (tradução nossa).

que se reúnem, mas ao mesmo tempo não pertencendo a nenhuma delas; e, em um segundo sentido, ablativo, refere-se ao estar dentro de algo como circunstância. Desse modo, o prefixo "inter" não assinala nenhum elemento a não ser um espaço vazio de reunião, uma vez que indica a separação entre os elementos que reúne: uma separação inicial que possibilita a reunião.

Essa breve explanação semântica do prefixo "inter" nos permite buscar definir o que se entende por interculturalismo. De acordo as reflexões de Carlos Giménez Romero, para estabelecer uma abordagem do interculturalismo, deve-se partir das críticas encontradas em relação ao multiculturalismo[13] e seus limites, tomando-se por base o paradigma do pluralismo cultural. Numa proposta terminológica e conceitual, tomemos os planos descritivo e normativo da multicultura e da intercultura.

Segundo o autor, sob o aspecto do plano descritivo – ou de fato (o que é), o multiculturalismo tratará das diversidades culturais através de um ponto de vista linguístico e religioso; já o interculturalismo irá tratar das relações interétnicas a partir de um ponto de vista interlinguístico e inter-religioso.

Sob o aspecto do plano normativo – ou das propostas sociopolíticas e éticas (o que deveria ser), o multiculturalismo abordará o reconhecimento das diferenças com base nos princípios de igualdade e de diferença, enquanto o interculturalismo irá tratar da convivência na diversidade, seguindo os princípios de igualdade, de diferença e, ainda, de interações positivas.

Assim sendo, ultrapassando a ideia de multiculturalismo, o interculturalismo irá supor uma inter-relação entre as diversas culturas. Segundo Romero, a proposta do interculturalismo[14] pode ser entendida como uma

---

13   Cf. Romero, como primeira versão do pluralismo cultural, o multiculturalismo deu sua contribuição sobretudo com a ideia de reconhecimento, por meio de políticas públicas adequadas às diversificações étnico culturais, porém, demonstrou um modo crescente de notável carência e limites em respeito à capacidade de articular convergências e promover a coesão social e a convivência civil. ROMERO, Carlos Giménez. Intercuturalismo. Disponível em: http://www.sociol.unimi.it/docenti/debenedittis/documenti/File/Intercuturalismo.pdf. Acesso em: 12 dez. 2015 (tradução nossa).
14   Cf. Romero, o elemento distintivo e a providência específica do interculturalismo em respeito ao modelo do multiculturalismo, está na ênfase em compreender, cuidar, promover e regular adequadamente a interação sociocultural e tudo aquilo que esta interação comporta – aproximação, comunicação, aprendizado, convergências, novas sínteses, resolução de conflitos entre outros. Trata-se de um modelo mais adequado a uma concessão complexa e dinâmica das culturas. O que

nova variante do pluralismo cultural que, de modo mais implícito do que explícito, é estimulado pelo vazio criado pela limitação, críticas e pontos fracos do multiculturalismo.

Compartilhando o mesmo pensamento de Romero, Diana de Vallescar Palanca[15] também entende que a interculturalidade representa um avanço em relação ao multiculturalismo:

> La interculturalidad representa un avance con respecto al multiculturalismo en el sentido de que este último, en general, se refiere a la presencia, en un mismo lugar, de culturas distintas que no están necesariamente en relación o estarían con relaciones conflictivas. Como el multiculturalismo pretende defender la libertad e igualdad de las culturas, únicamente exigirla una actitud de respeto y tolerancia, reivindicando, como actitud complementaria, la necesidad del reconocimiento. La interculturalidad, por su parte, independientemente de la forma de gobierno que se prefiera, exige no solo el respeto o reconocimiento, sino conceder a cada miembro la facultad de contribuir con su aportación particular. De ahí que el paso de una sociedad multicultural a una de carácter intercultural debe realizase mediante la renegociación continua de los roles, espacios y el discernimiento de valores que entretejen y orientan los procesos de síntesis, enmarcado en la dinámica de la propia sociedad [...].[16]

---

deve ser observado de perto é que, se não se levar em consideração as dimensões econômicas, sociais e políticas, e os contextos de desigualdade, assimetria e domínio, o interculturalismo corre o risco de vir formulado, entendido e utilizado como um novo culturalismo. Ibidem (grifo nosso).

15   VALLESCAR PALANCA, D. Consideraciones sobre la interculturalidad y la educación. *Revista Construyendo Nuestra Interculturalidad*, n. 3, Perú, abril de 2006. Disponível em: http://interculturalidad.org/numero03/anterior.htm. Acesso em: 16 dez. 2015 (tradução nossa)

16   "A interculturalidade representa um avanço em relação ao multiculturalismo no sentido de que este, no geral, se refere à presença, em um mesmo lugar, de culturas distintas, que não estão, necessariamente, em relação, ou estariam em relações conflitivas. Como o multiculturalismo pretende defender a liberdade e a igualdade das culturas, exige unicamente uma atitude de respeito e tolerância, reivindicando, como atitude complementar, a necessidade de reconhecimento. A interculturalidade, por sua vez, independentemente da forma de governo que se prefira, exige não só o respeito ou o reconhecimento, como também o direito de cada membro de oferecer sua contribuição particular. Daí que ao passo de uma sociedade multicultural a uma de caráter intercultural deve rea-

De acordo com o pensamento de Catherine Walsh,[17] na mesma linha de raciocínio de Romero e Vallescar Palanca, o termo interculturalidade é utilizado em uma variedade de contextos e com interesses sociopolíticos, muitas vezes opostos. A autora expõe que, enquanto no multiculturalismo a diversidade se expressa em sua forma mais radical, por separatismos e etnocentrismos (e, em sua forma liberal, por atitudes de aceitação e tolerância), o interculturalismo constrói uma ponte de relação, uma articulação social entre pessoas e grupos culturais diferentes. Desta forma:

> Esta articulación no busca sobrevalorizar o erradicar las diferencias culturales, ni tampoco formar identidades mezcladas o mestizas, sino propiciar una interacción dialógica entre pertenencia y diferencia, pasado y presente, inclusión y exclusión, y control y resistencia, siempre reconociendo la hegemonía, el poder y la autoridad cultural que intenta imponerse social y políticamente. Es decir, que, en los encuentros entre personas, elementos o prácticas culturales, las iniquidades sociales, étnicas, económicas y políticas de la sociedad no desaparecen. Sin embargo, es en este espacio fronterizo de relación y negociación que también se construyen y emergen nuevas estrategias, expresiones, iniciativas, sentidos y prácticas [inter] culturales que desafían la homogeneidad, el control cultural, y la hegemonía de la cultura dominante.[18]

---

lizar-se mediante a renegociação contínua das funções, espaços e o discernimento de valores que tecem e orientam os processos de sínteses, emoldurados na dinâmica da própria sociedade [...]. Ibidem.
17   WALSH, C. *La interculturalidad en la educación*. Lima: Ministério da Educação/UNICEF, 2005, p. 8 (tradução nossa).
18   "Esta articulação não busca sobrevalorizar ou erradicar as diferenças cultuais, tampouco formar identidades mescladas ou mestiças, senão propiciar uma interação dialógica entre pertencimento e diferença, passado e presente, inclusão e exclusão, e controle e resistência, sempre reconhecendo a hegemonia, o poder e a autoridade cultural que intenta impor-se social e politicamente. Quer dizer que, nos encontros entre pessoas, elementos ou práticas culturais, as iniquidades sociais, étnicas, econômicas e políticas da sociedade não desaparecem. Sem embargo, é neste espaço fronteiriço de relação e negociação que também se constroem e emergem novas estratégias, expressões, iniciativas, sentidos e práticas [inter] culturais que desafiam a homogeneidade, o controle cultural, e a hegemonia da cultura dominante". Ibidem, p. 08-09.

Assim sendo, para a autora, a interculturalidade não pode ser reduzida a um simples conceito de inter-relação, uma vez que significa a construção de conhecimentos a respeito do Outro.

Com uma outra visão, Fidel Tubino[19] explica que o interculturalismo não é um conceito, mas uma maneira de comportamento. Enquanto o multiculturalismo trata de produzir sociedades paralelas, o interculturalismo busca produzir sociedades integradas e relações simétricas entre culturas.[20] Não se trata de uma categoria teórica, mas sim de uma proposta ética; mais que uma ideia, é uma atitude, uma maneira de ser necessária em um mundo paradoxalmente cada vez mais interconectado pela tecnologia e, ao mesmo tempo, cada vez mais incomunicável interculturalmente.

O autor procura identificar duas variações do que se entende por interculturalismo no atual contexto da sociedade: o interculturalismo funcional ou neoliberal e o interculturalismo crítico, com a intenção de precisar os alcances políticos que o interculturalismo funcional implica.

Por interculturalismo funcional, Tubino[21] entende que se trata da postulação da necessidade do diálogo e do reconhecimento intercultural, sem dar a devida importância ao estado de pobreza crônica e extrema que se encontram entre os cidadãos que pertencem às culturas subalternas da sociedade.

Nesse tipo de interculturalismo, o discurso sobre a pobreza é substituído pelo sobre a cultura, ignorando-se, assim, o peso da justiça distributiva, das desigualdades econômicas, das relações de poder e, principalmente, dos desníveis culturais internos existentes na mesma sociedade.

---

19   TUBINO, Fidel. Del interculturalismo funcional al interculturalismo crítico. Disponível em: http://red.pucp.edu.pe/wp-content/uploads/biblioteca/inter_funcional.pdf. Acesso em: 18 dez. 2015 (tradução nossa).
20   TUBINO, Fidel. La praxis de la interculturalidad en los estados nacionales latinoamericanos. Cuadernos Interculturales, Ano 3, n. 5, 2005, p. 83-96. Viña del Mar, CEIP-Universidad de Valparaíso. Disponível em: http://www.redalyc.org/ articulo.oa?id=55200506/. Acesso em: 18 dez. 2015 (tradução nossa)
21   Cf. Tubino: "En este discurso la identidad de grupo sustituye a los intereses de clase como mecanismo principal de movilización política. La dominación cultural reemplaza a la explotación como injusticia fundamental. Y el reconocimiento cultural desplaza a la redistribución socioeconómica como remedio a la injusticia y objetivo de la lucha política". TUBINO, Fidel. Del interculturalismo funcional al interculturalismo crítico. Disponível em: http://red.pucp.edu.pe/wp-content/uploads/biblioteca/inter_funcional.pdf. Acesso em: 18 dez. 2015 (tradução nossa).

Portanto, trata-se de um conceito que gera um discurso e uma práxis legitimadora que é funcional somente ao Estado nacional e ao sistema socioeconômico vigente.

Por outro lado, o interculturalismo crítico,[22] para o autor, é substancialmente diferente do interculturalismo funcional. Enquanto o interculturalismo funcional busca promover o diálogo sem tocar as causas da assimetria cultural, o interculturalismo crítico busca suprimi-las, empregando, nesse diálogo, questões sobre os fatores econômicos, políticos e militares, entre outros, que condicionam atualmente o intercâmbio franco entre as culturas da humanidade. Trata-se de uma exigência para que não se caia na ideologia de um diálogo descontextualizado que favoreça somente os interesses de grupos dominantes.

Dentro dessa perspectiva de Tubino, no que se refere à classificação do interculturalismo, Walsh[23] toma como exemplo a América Latina[24] e distingue três tipos de interculturalidade: relacional, funcional e crítica.

A interculturalidade relacional, de forma geral, enfatiza o contato e o intercâmbio entre culturas, pessoas, práticas, saberes, valores e tradições culturais distintas, podendo se dar tanto em condições de igualdade quanto de desigualdade.

Como interculturalidade funcional,[25] a autora explica que se trata de uma perspectiva que, tipicamente, oculta ou minimiza os conflitos e os con-

---

22   Cf. Tubino: "En otras palabras, hay que empezar por identificar y tomar conciencia de las causas contextuales de su inoperancia. Hay que empezar por recuperar la memoria de los excluidos, por visibilizar los conflictos interculturales del presente como expresión de una violencia estructural más profunda, gestada a lo largo de una historia de desencuentros y postergaciones injustas". Ibidem.
23   WALSH, C. Interculturalidad crítica y educación intercultural. *Seminario de Interculturalidad y Educación Intercultural*. Instituto Internacional del Convenio Andrés Bello, La Paz, 9-11 de março de 2009 (tradução nossa)
24   Cf. Walsh, se assume que a interculturalidade é algo que sempre existiu na América Latina porque sempre existiu o contato e a relação entre os povos indígenas e afrodescendentes, por exemplo, e a sociedade branco-mestiça crioula, evidência do qual se pode observar numa mesma mestiçagem, os sincretismos e as transculturações que formam parte central da história e natureza latino-americana. Ibidem.
25   Cf. Walsh, esta forma de interculturalidade parte da ideia que vários autores usam para definir como "a nova lógica multicultural do capitalismo global. Neste sentido, o reconhecimento e o respeito à diversidade cultural se convertem em uma nova estratégia de dominação. Ibidem.

textos de poder e dominação, buscando promover o diálogo, a convivência e a tolerância, sem questionar as causas da problemática social e cultural.

Como terceira classificação, Walsh apresenta a interculturalidade crítica, elucidando que essa perspectiva parte do problema da diversidade e da diferença em si, ou seja, do problema estrutural-colonial-racial, assinalando a necessidade de transformação das estruturas, instituições e relações sociais para uma construção de condições de estar, pensar, conhecer, aprender, sentir e viver na sociedade. Apesar disso, a autora esclarece:

> La interculturalidad entendida críticamente aún no existe, es algo por construir. Por eso, se entiende como una estrategia, acción y proceso permanentes de relación y negociación entre, en condiciones de respeto, legitimidad, simetría, equidad e igualdad. Pero aún más importante es su entendimiento, construcción y posicionamiento como proyecto político, social, ético y epistémico – de saberes y conocimientos –, que afirma la necesidad de cambiar no sólo las relaciones, sino también las estructuras, condiciones y dispositivos de poder que mantienen la desigualdad, inferiorización, racialización y discriminación.[26]

Por conseguinte, superando os impasses do multiculturalismo que, segundo Virgílio Alvarado,[27] expressa somente a coexistência de povos e culturas e o reconhecimento das diversidades, bem como o impasse da pluralidade cultural, que mostra a existência de interação e coexistência, supondo tanto a harmonia entre as culturas quanto os conflitos, o interculturalismo sustentará a construção de uma sociedade intercultural –

---

26   "A interculturalidade entendida criticamente ainda não existe, é algo por construir. Por isso, se entende como uma estratégia, ação e processo permanente de relação entre, em condições de respeito, legitimidade, simetria, equidade e igualdade. Porém, ainda mais importante é seu entendimento, construção e posicionamento como projeto político, social, ético e epistêmico – de saberes e conhecimentos –, que afirma a necessidade de modificar não somente as relações, como também as estruturas, condições e dispositivos de poder que mantém a desigualdade, inferiorização, racialização e discriminação". Ibidem.
27   ALVARADO, Virgílio. Políticas públicas e interculturalidad. In: FULLER, Norma (Org.). *Interculturalidad y política*: desafíos y posibilidades. Lima: Red para el Desarrollo de las Ciencias Sociales en el Perú, 2002, p. 36 (tradução nossa).

uma sociedade que implica um projeto que permitirá o estabelecimento de um justo diálogo entre as culturas, um diálogo que parte da aceitação da própria identidade de cada um.

Assim sendo, podemos apontar como características do interculturalismo, conforme colocação de Alvarado,[28] a necessidade de aprendermos a conviver com culturas diferentes; o convencimento de que existem vínculos, valores e outros pontos em comum entre as culturas; um esforço para prevenir, regular e resolver conflitos interétnicos; o convencimento de que as culturas não são completas em si mesmas e necessitam uma das outras; um necessário grau de distanciamento crítico das pessoas em respeito à sua própria cultura; a promoção de espaços e de processos de interação positiva que abram e gerem relações de confiança, reconhecimento mútuo, comunicação efetiva, diálogo e debate, aprendizagem e intercâmbio, cooperação e convivência, e, ainda, regulação pacífica do conflito.

Essas características da interculturalidade deverão estar fundamentadas, segundo o autor:[29] nos princípios da cidadania, implicando o reconhecimento pleno e a busca constante da igualdade real e efetiva de direitos, responsabilidades e oportunidades, como também na luta contra o racismo e a discriminação; e no direito à diferença, isto é, no direito de identidade do sujeito e do desenvolvimento das próprias expressões socioculturais de cada indivíduo e dos grupos de indivíduos e, da unidade da diversidade.

Quando tratamos de interculturalismo, estamos falando de um processo necessário para promover a reciprocidade entre diferentes culturas e a integração de indivíduos e grupos minoritários de uma cultura diferente, num espaço em que esses possam manter os elementos de sua cultura e, ao mesmo tempo, sentirem-se inseridos na sociedade.

Conforme aduz Steven C. Rockefeller:

> No mínimo, a política e a ética de igual dignidade precisam ser aprofundadas e expandidas de modo a que o respeito pelo indivíduo seja compreendido como que envolvendo não só

---
28   ALVARADO, Virgílio, loc. cit.
29   Ibid., p. 36-37.

respeito pelo potencial humano universal em cada pessoa, mas também respeito pelo valor intrínseco das diferentes formas culturais através das quais os indivíduos poriam em prática a sua humanidade e exprimem as suas personalidades únicas.[30]

Fornet-Betancourt,[31] tratando de interculturalidade, explica que seu conceito não está reduzido a "uma dimensão estritamente racional, lógica ou filosófica", mas se origina de uma "qualidade que pode obter qualquer pessoa ou qualquer cultura a partir de uma práxis de vida concreta onde se cultiva, precisamente, a relação com o outro de um modo envolvente", ou de outro modo, se trata de uma experiência "que não brota de nenhum âmbito excepcional", mas de uma "qualidade que experimentamos na vida cotidiana, no sentido do contato: relação entre pessoas". Em outras palavras:

> Hay, por tanto, un saber práctico de la interculturalidad como experiencia que hacemos en nuestra vida cotidiana en tanto que contexto práctico donde ya estamos compartiendo vida e historia con el otro. Se trataría entonces de cultivar ese saber práctico de manera reflexiva, y con un plan para organizar nuestras culturas alternativamente desde él, para que la interculturalidad se convierta realmente en una cualidad activa en todas nuestras culturas.[32]

Desse modo, dentro de um conceito de interculturalismo, podemos apontar alguns elementos básicos de uma sociedade intercultural que prima pela convivência pacífica entre as diversas culturas que se apresentam.

---

30 ROCKEFELLER, Steven C. Comentários. In: TAYLOR, Charles. *Multiculturalismo*. Lisboa: Instituto Piaget, 1998, p. 105.
31 FORNET-BETANCOURT, Raul. La filosofia intercultural. Disponível em: http://www.olimon.org/uan/08-intercultural-fornet.pdf. Acesso em: 18 jul. 2015 (tradução nossa).
32 "Há, portanto, um saber prático da interculturalidade como experiência, que fazemos em nossa vida cotidiana enquanto contexto prático, de onde já compartilhamos vida e história com o outro. Se trataria, então, de cultivar esse saber prático de maneira reflexiva e com um plano para organizar nossas culturas alternativamente através deste, para que a interculturalidade se converta, realmente, numa qualidade ativa em todas nossas culturas". Cf. FORNET-BETANCOURT, Raul. La filosofia intercultural. Disponível em: http://www.olimon.org/uan/08-intercultural-fornet.pdf. Acesso em: 18 jul. 2015 (tradução nossa).

O interculturalismo pode ser apontado como um processo dinâmico, num sentido de superação do multiculturalismo, ou seja, enquanto este enfatiza as diferenças e a coexistência de culturas distintas, o interculturalismo expõe uma convivência e uma intensa relação que ultrapassam fronteiras; uma convivência disposta a recriar as culturas existentes e buscar por uma nova síntese cultural. Uma convivência que implica a reelaboração dos modelos originais das culturas que coexistem na sociedade, além de processos de interação sociocultural.

Por consequência, conforme explica Néstor Garcia Canclini,[33] desde que as transformações do mundo trouxeram uma conectividade de diferenças culturais e o multiculturalismo admitiu a diversidade de culturas, "sublinhando sua diferença e propondo políticas relativistas de respeito, que frequentemente reforçam a segregação", surge a necessidade de nos remetermos "à confrontação e ao entrelaçamento, aquilo que sucede quando os grupos entram em relações e trocas", portanto, uma necessidade de vivermos um interculturalismo.

Isso implica a real necessidade de inter-relacionamento com o Outro, pois:

> No mundo de conexões, a fidelidade a si mesmo é rigidez; a resistência aos outros, recusa de conectar-se; a verdade definida a partir da identidade de uma representação em relação ao seu original, desconhecimento da variação infinita dos seres que circulam pela rede e modificam-se toda vez que entram em relação com seres diferentes, de tal forma que nenhum de seus avatares pode ser tomado como ponto de origem com o qual caiba confrontar outras manifestações.[34]

Portanto, frente à atual sociedade multicultural que vivemos, o interculturalismo representa a exigência para que se conceda, a cada membro

---

33   CANCLINI, Néstor García. *Diferentes, desiguais e desconectados*: mapas da interculturalidade. Tradução de Luis Sérgio Henriques. Rio de Janeiro: UFRJ, 2005, p. 17.
34   BOLTANSKI, Luc; CHIAPELLO, Éve. Apud CANCLINI, Néstor García. *Diferentes, desiguais e desconectados*: mapas da interculturalidade. Tradução de Luis Sérgio Henriques. Rio de Janeiro: UFRJ, 2005, p. 202.

e a todos em conjunto, a segurança da faculdade de ser sujeito de direito e compreendido em sua diversidade.

Se o reconhecimento intercultural, conforme explicam Luc Boltanski e Éve Chiapello,[35] "compreende o respeito pela alteridade, como também a capacidade de autoquestionamento crítico sobre a própria visão do mundo" e a valorização de cada cultura é a "realização livre dos sujeitos que a integram", para podermos falar dessa valorização devemos ter em mente a necessidade de uma exigência ética que alcance o caráter do processo de identificação no espaço intercultural. Um processo de desejar que o outro seja livre, sem ser discriminado, estabelecendo-se a conformação de sua identidade e alteridade numa dialética construtiva de convivência mútua.

Diante desse pensamento, podemos citar Torraine,[36] que afirma que, diante dessa complexidade das diversas vivências culturais, "o sujeito não é uma reflexão do indivíduo sobre si mesmo", ou a imagem ideal de si mesmo que ele esboça "nos refolhos ocultos de sua existência social", mas se coloca como ator "capaz de modificar o seu meio", um ator social que vive a experiência da construção do coletivo.

Destarte, o sujeito somente poderá entrar em relação com outro sujeito, não como um ser semelhante ou radicalmente diferente,[37] "mas como aquele que faz os mesmos esforços que ele para associar a sua participação num mundo instrumentalizado com a sua experiência pessoal e coletiva".

Assim, segundo Alvarado,[38] estamos falando de um método pluralista sobre as relações humanas, que deveria ser estabelecido entre os atores culturalmente diferenciados dentro de um Estado democrático e participativo, dentro de uma nação pluricultural, multilinguística e multiétnica, e também da promoção sistemática e gradual desde o Estado e a sociedade civil, de espaços e processos de interação positiva que vão abrindo rela-

---

35 BOLTANSKI, Luc; CHIAPELLO, Éve, loc. cit.
36 TORRAINE, Alain. *Poderemos viver juntos?* Iguais e diferentes. Tradução de Jaime A. Clasen e Ephraim F. Alves. Rio de Janeiro: Vozes, 1998, p. 98.
37 TORRAINE, Alain, loc. cit.
38 ALVARADO, Virgílio. Políticas públicas e interculturalidad. In: FULLER, Norma (Org.). *Interculturalidad y política*: desafíos y posibilidades. Lima: Red para el Desarrollo de las Ciencias Sociales en el Perú, 2002, p. 40 (tradução nossa).

ções de confiança, reconhecimento mútuo, comunicação efetiva, diálogo e debate, aprendizagem e intercâmbio, convivência e experiência, cooperação e integração.

O que o autor entende é uma forma de relação com o outro pautada na simpatia, na empatia, na compreensão, de um modo que se apresentem parcialmente diferentes e parcialmente engajados no mesmo mundo instrumental.

Para dar continuidade nessa forma de relação, Torraine[39] salienta que não podemos deixar que aumente a distância entre a sociedade e as comunidades, pois isso conduziria as culturas à destruição e à violência social. Hoje, em todas as partes do mundo, tratamos de lutar contra os fracionamentos do todo, "das sociedades nacionais e da vida pessoal", para combinar, em todos os níveis, "a unidade e a diversidade, a troca de identidade, o presente e o passado".

Retomando as reflexões de Walsh,[40] que confirma os pensamentos de Torraine, a autora entende o seguinte como significado do conceito e prática da interculturalidade dentro da sociedade atual:

> Como concepto y práctica, la interculturalidad significa "entre culturas", pero no simplemente un contacto entre culturas, sino un intercambio que se establece en términos equitativos, en condiciones de igualdad. Además de ser una meta por alcanzar, la interculturalidad debería ser entendida como un proceso permanente de relación, comunicación y aprendizaje entre personas, grupos, conocimientos, valores y tradiciones distintas, orientada a generar, construir y propiciar un respeto mutuo, y a un desarrollo pleno de las capacidades de los individuos, por encima de sus diferencias culturales y sociales. En sí, la interculturalidad intenta romper con la historia hegemónica de una cultura dominante y otras subordinadas y, de esa manera, reforzar las

---

39   TORRAINE, Alain. *Poderemos viver juntos? Iguais e diferentes*. Tradução de Jaime A. Clasen e Ephraim F. Alves. Rio de Janeiro: Vozes, 1998, p. 202.
40   WALSH, C. *La interculturalidad en la educación*. Lima: Ministério da Educação/UNICEF, 2005, p. 4 (tradução nossa).

identidades tradicionalmente excluidas para construir, en la vida cotidiana, una convivencia de respeto y de legitimidad entre todos los grupos de la sociedad.[41]

Caso recusemos tomar este caminho do interculturalismo e, conforme as ponderações de Touraine,[42] nos fechemos num "relativismo cultural extremo", seremos levados "a desejar a separação das culturas definidas por sua particularidade e, portanto, a construção de sociedades homogêneas". Desse modo, necessitamos, urgentemente, acabar com a discriminação e com a violência na sociedade, para não deixarmos que aqueles que são reconhecidos como "diferentes" sejam tratados como inferiores por um modelo dominante de cultura.[43]

De acordo a ideia de Fornet-Betancourt, temos que refletir sobre a interculturalidade em seu aspecto intracultural, a partir de um exercício "prático e teórico, de vida e de interpretação" da própria cultura, como:

> [...] uma árvore que certamente pode alcançar uma configuração específica que faz com que seja identificável, com a justa condição de cuidar o livre desenvolvimento desse complexo processo de crescimento que vai sendo o fruto de raízes que se adentram no solo comum seguindo distintas direções, e que às vezes se entrecruzam, e de ramos que crescem também com suas diferenças e em distintas direções.[44]

---

41 "Como conceito e prática, a interculturalidade significa 'entre culturas', porém, não simplesmente um contato entre culturas, mas sim um intercâmbio que se estabelece em termos equitativos, em condições de igualdade. Além de ser uma meta a alcançar, a interculturalidade deveria ser entendida como um processo permanente de relação, comunicação e aprendizagem entre pessoas, grupos, conhecimentos, valores e tradições distintas, orientada a gerar, construir e propiciar um respeito mútuo, e a um desenvolvimento pleno das capacidades dos indivíduos, para além de suas diferenças culturais e sociais. Em si, a interculturalidade intenta romper com a história hegemônica de uma cultura dominante e outras subordinadas e, dessa maneira, reforçar as identidades tradicionalmente excluídas para construir, na vida cotidiana, uma convivência de respeito e legitimidade entre todos os grupos e a sociedade". Ibidem (tradução nossa).

42 TORRAINE, Alain. *Poderemos viver juntos?* Iguais e diferentes. Tradução de Jaime A. Clasen e Ephraim F. Alves. Rio de Janeiro: Vozes, 1999, p. 202.

43 TORRAINE, Alain, loc. cit.

44 "[...] un árbol que ciertamente puede alcanzar una configuración específica que lo hace

Para tanto, conforme reflexão de Canclini,[45] deve-se haver o reconhecimento de que "não basta a desconstrução do caráter imaginário do outro para diluir a estranheza que nos produz – e que nele produzimos – ou para resolver os dilemas da interculturalidade"; se faz necessário considerar "a alteridade como uma construção imaginada" que, ao mesmo tempo, "enraíza-se em divergências interculturais empiricamente observáveis".

Discordando da ideia de vários autores que procuram definir o interculturalismo, Soriano Diaz Ramón[46] afirma que, dentro das definições e pretensões oferecidas, existem diversos modelos interculturais de desigualdade esboçados na doutrina atual, que é rica e extensa, abraçando, por um lado, um interculturalismo fraco – que aceita a dignidade das culturas, porém não em um plano de igualdade em relação a elas, senão, no máximo, de chegada depois de um processo de mudança de seus patrimônios de valores, posição essa habitualmente encontrada entre os liberais. Por outro lado, para o autor, encontra-se um interculturalismo forte – que concede um plano de igualdade na saída do intercâmbio cultural, apesar de suas carências e limitações. Esse entendimento de interculturalismo, fraco ou forte, pode ser visto como uma consequência da globalização, mas também um fenômeno que influi no sistema globalizado; e, para o autor, a globalização e o interculturalismo não podem ser tratados no mesmo sentido, pois:

> La globalización ha traído el conocimiento de las culturas y, con el conocimiento, las relaciones inevitables entre ellas, que ya no pueden aislarse como antaño en sus peculiares e inaccesibles predios de creencias y costumbres. La globalización ha deparado una dimensión fáctica: la cercanía de las culturas, y otra normativa: la

---

identificable, pero justo la condición de cuidar el libre desarrollo de ese complejo proceso de crecimiento que va siendo el fruto de raíces que se adentran en el suelo común siguiendo distintas direcciones, y que a veces se entrecruzan, y de ramas que crecen también con sus diferencias y en distintas direcciones". Cf. FORNET-BETANCOURT, Raul. La filosofia intercultural. Disponível em: http://www.olimon.org/uan/08-intercultural-fornet.pdf. Acesso em: 18 jul. 2015 (tradução nossa).
45   CANCLINI, Néstor García. *Diferentes, desiguais e desconectados*: mapas da interculturalidade. Tradução de Luis Sérgio Henriques. Rio de Janeiro: UFRJ, 2005, p. 266.
46   SORIANO DÍAZ, Ramón Luis. Las razones del interculturalismo. *Revista del Instituto de Ciencias Jurídicas de Puebla A.C.*, n. 22, 2008, Puebla, México, p. 99-116. Disponível em: http://www.redalyc.org/pdf/2932/ 293222950006.pdf. Acesso em: 18 dez. 2015 (tradução nossa).

discusión sobre cómo construir las relaciones interculturales. En otra perspectiva, a contracorriente, el interculturalismo socava la pretendida homogeneidad de la globalización, enfrentando una fragmentación de identidades culturales a la uniformidad de la globalización económica y política.[47]

Nessa perspectiva, entende Soriano Diaz[48] que, além da globalização e do multiculturalismo, o interculturalismo é uma concepção mais garantidora dos direitos e das culturas. O interculturalismo remete a uma coexistência das culturas em um plano de igualdade. Trata-se de uma ideologia sobre as relações entre as culturas, que se propõe a superar outras ideologias presentes no atual cenário da doutrina, uma vez que o interculturalismo é para as culturas como a democracia para os indivíduos. Para o interculturalismo, todas as culturas são valiosas, todas ocupam o mesmo lugar no discurso intercultural; todas devem ter a mesma capacidade e oportunidades de configurar um patrimônio comum de valores e direitos.

Se quisermos obter uma convivência humana, justa, pacífica e em harmonia, Julio C. M. Martínes[49] elucida que devemos tomar consciência da realidade "irracionalmente construída, na qual existem sujeitos concretos a quem são negados espaços históricos", que padecem da exclusão, e buscar estabelecer uma "relação de sujeitos, em inter-relação mútua, reconhecer a

---

47   "A globalização traiu o conhecimento das culturas e, com o conhecimento, as relações inevitáveis entre elas que já não podem isolar-se como anteriormente em suas peculiaridades e inacessíveis propriedades de crenças e costumes. A globalização tem resultado numa dimensão fática: a proximidade das culturas, e outra normativa: a discussão sobre como construir as relações interculturais. Em outra perspectiva, a contracorrente, o interculturalismo minava a pretendida homogeneidade da globalização, enfrentando uma fragmentação de identidades culturais e a uniformidade da globalização econômica e política". Cf. SORIANO DÍAZ, Ramón Luis, loc. cit.
48   SORIANO DÍAZ, Ramón Luis. Derechos Humanos y Derechos de las Culturas. In: SORIANO DÍAZ, Ramón Luis; BLANC, Carlos Aguilar. *Fundamentos y Nuevos Retos de los Derechos Humanos en un Mundo en cambio*. Universidad Internacional de Andalucía, 2005, p. 190-248. Disponível em: https://pt.scribd.com/doc/79866096/Derechos-Humanos-LIBRO-Completo-Fundamentos-y--Nuevos-Retos-en-Un-Mundo-en-Cambio. Acesso em: 18 dez. 2015.
49   MARTÍNES, Julio C. M. *Teoría democrática desde el paradigma de la interculturalidad*. Tese (Doutorado em Filosofia Ibero-americana). Universidade Centroamericana José Simeón Cañas. El Salvador, 2012, p. 106 (tradução nossa).

existência do Outro, desejar que ele seja ele mesmo". Isso porque interpretar e reinterpretar a subjetividade ferida quer dizer estabelecer um diálogo necessário de subjetividades, de modo a abordar a experiência ética humana que reclama a liberdade e a justiça.

Será, portanto, a partir de uma visão do outro, na qualidade de oprimido e marginalizado, no encontro de suas diversidades, que se constituirá uma intenção de resposta ao clamor de reconhecimento do sujeito em nível integrador, dentro de um ordenamento harmônico, num espaço político mundial, a partir da inquietude de uma dinâmica intercultural.

Para finalizarmos uma definição de interculturalismo, podemos dizer que, se todos nós fazemos parte de uma grande família humana, precisamos identificar o Eu no Outro, nas nossas igualdades e nas nossas diferenças, defendendo a inclusão de todos os cidadãos, independentemente da cultura, do governo, da cidade ou do país a qual pertençam, na busca de uma cultura ética, de paz, de responsabilidade, em um processo harmônico, como fruto de uma coexistência mundial na qual a tolerância e o reconhecimento se transformem em uma convivência humanitária.

3.2 HERMENÊUTICA INTERCULTURAL

Diante de uma desejada ordem democrática intercultural, nos deparamos com a necessidade de encontrar um caminho que nos leve a uma nova configuração da vida social. Um caminho fundamentado na convivência entre sujeitos de culturas vivas, cada uma com sua realidade histórica, dentro da qual cada sujeito possui sua dignidade, liberdade e igualdade, reconhecidas e respeitadas.

Este caminho necessário pode ser alcançado por meio de um processo hermenêutico, que leve em consideração os nexos de existência em um nível intercultural. Trata-se de um método dialético e analógico que permite o estabelecimento de uma práxis libertadora.

Diante das reflexões sobre as problemáticas da sociedade atual, reflete-se a necessidade de reconfiguração do modelo de hermenêutica filosófica intercultural. Conforme afirmação de Fornet-Betancourt,⁵⁰ a filosofia intercultural prefere entrar no processo de procura criativa, que tem lugar próprio quando a interpretação de si mesmo e do Outro se manifesta como resultado de uma interpretação comum, mútua, pela qual a voz de cada um é percebida no mesmo tempo como modelo de interpretação igualmente possível. Assim sendo, podemos afirmar que a filosofia intercultural:

> [...] comincia ad essere un modo di fare filosofia che prende coscienza del radicamento e della situazionalità del pensiero (e della vita) quale condizione di possibilità per esercitarsi in modo universale. Il suo essere contestuale non la chiude alla comunicazione né alla ricerca dell'universalità, ma la mette sull'avviso che la ricerca dell'universalità deve percorrere strade diverse da quelle tracciate da una concettualizzazione astratta e formale. E per questo motivo occorre mostrare che la vera universalità richiede la contestualità storica della vita umana in tutta la sua pluralità perché ha origine e si sviluppa attraverso processi contestuali di interscambio e di comune comprensione.⁵¹

Afirmando esse pensamento de Fornet-Betancourt, entende Álvaro Márquez-Fernandez que a sociedade intercultural⁵² tem que ser vivida como uma transformação histórica do pensamento filosófico, devendo, para tanto, passar "pela crítica ao discurso da racionalidade positivista

---

50   FORNET-BETANCOURT, Raul. *Trasformazione interculturale della filosofia*, a cura di G. *Coccolini*. Bolonha: Dehoniana, 2006, p. 30 (tradução nossa).
51   "Começa a ser um modo de fazer filosofia que leva à consciência enraizamento e da contextualização do pensamento e da vida como condição de possiblidades para exercitar-se em modo universal. Seu ser contextual não fecha a comunicação nem a procura da universalidade, mas a coloca sobre o aviso que a procura da universalidade deve percorrer estradas diversas daqueles traçadas por uma contextualização abstrata e formal. E por este motivo ocorre demonstrar que a verdadeira universalidade requer a contextualização histórica da vida humana em toda sua pluralidade porque há origem e se desenvolve através de processos contextuais de intercâmbio e de compreensão mútua". Cf. FORNET-BETANCOURT, Raul, ibid., p. 34-35 (tradução nossa).
52   MÁRQUEZ-FERNÁNDEZ, Álvaro. Globalización neoliberal y filosofía intercultural. Red Internacional de estudios interculturales. Pontificia Universidad Católica del Perú, 2013. Disponível em: http://red.pucp.edu.pe/ridei/libros/globalizacion-neoliberal-y-filosofia-intercultural/. Acesso em: 10 jul. 2015 (tradução nossa).

que lhe serve de contexto legitimador".

Isso porque, conforme esclarece Fornet-Betancourt:

> La trasformazione interculturale della filosofia si impone, pertanto, come un programma di ricostruzione del passato e, al contempo, di configurazione di un presente nel quale la filosofia si riconosce come tale senza avere la necessità di installarsi preferenzialmente in un sistema concettuale monoculturale, cioè, riconoscendo che scaturisce e si articola a partire dalla comunicazione tra tradizioni distinte, riconoscendo infine che non è monologica, ma polifonica.[53]

Corroborando com esse pensamento, Ram Adhar Mall[54] explana que o objetivo hermenêutico não deve ser fixado segundo uma lógica dual, de maneira monocultural ou, ainda, através de uma idealização. Uma filosofia hermenêutica que visa à compreensão intercultural deve atentar-se a uma teoria segundo a qual nem o mundo que confrontamos (o externo), nem os conceitos, métodos e sistemas que desenvolvemos (o interno) representam grandezas aprioristicas e historicamente imutáveis.

A partir dessa reflexão, podemos afirmar que a filosofia intercultural se trata, antes de tudo, da busca de novos paradigmas dos pensamentos filosóficos, partindo da realidade atual de confrontos entre culturas diversas.

De acordo Giuseppe Cacciatore:

> La filosofia dell'interculturalità non è solo istanza etica e appello politico ad una dimensione di incontro, tolleranza, rispetto e riconoscimento delle culture, né è solo una delle auspicabili e plausi-

---

53   "A transformação intercultural da filosofia se impõe, portanto, como um programa de reconstrução do passado e, ao mesmo tempo, de configuração de um presente no qual a filosofia se reconhece como tal sem ter a necessidade de instalar-se preferencialmente em um sistema conceitual monocultural, isto é, reconhecendo que nasce e se articula a partir da comunicação entre tradições distintas, reconhecendo enfim que não é monologa, mas polifônica". Cf. FORNET-BETANCOURT, Raul. *Trasformazione interculturale della filosofia, a cura di G. Coccolini*. Bolonha: Dehoniana, 2006, p. 9 (tradução nossa).
54   MALL, Ram Adhar. *Interculturalità*: una nuova prospettiva filosofica. Gênova: ECIG, 2002, p. 42 (tradução nossa).

bili vie della riaffermazione di valori cosiddetti non contrattabili ed indisponibili come la dignità umana. Essa mette in campo e coinvolge, direttamente o indirettamente, tutta una rete di saperi umani positivi e particolari, dei quali anche la filosofia pratica e la stessa consulenza filosofica devono servirsi, se vogliono essere in grado di affrontare criticamente e conoscitivamente la complessità del reale attuale.[55]

Segundo Álvaro Márquez-Fernández,[56] "a interculturalidade responde a uma heurística e a uma hermenêutica que parte da alteridade para a compreensão do mundo de pluralidades existenciais", isto dentro das suas respectivas formas e "conteúdos racionais e discursivos que devem ser respostas em um ponto de apoio de articulações suficientemente complexas que não permitam a ausência, negociação ou neutralidade", nem de forma voluntária ou consciente de "nenhuma das culturas", acrescentando com referência às culturas:

> Todas son correlativas en este sentido, esto es, en su forma y contenido de estar presentes frente al otro, porque las culturas no son realidades puras ni abstractas, desconectadas de sus autores materiales. Su heterogeneidad es lo que nutre el dinamismo interno y externo de sus cambios.[57]

---

55   "A filosofia da interculturalidade não é somente instância ética e apelo político em uma dimensão de encontro, tolerância, respeito e reconhecimento das culturas, nem somente uma das desejáveis e plausíveis vias da reafirmação dos valores assim ditos não negociáveis e indisponíveis como a dignidade humana. Essa coloca em campo e envolve, direta ou indiretamente, toda uma rede de saberes humanos positivos e particulares, dos quais até mesmo a filosofia prática e o próprio aconselhamento filosófico devem se servir, se queiram ser capazes de afrontar criticamente e cognitivamente a complexidade da realidade atual". Cf. CACCIATORE, Giuseppe. L'interculturalità e le nuove dimensioni del sapere filosofico e delle sue pratiche. Disponível em: http://www.easy-network.net/pdf/24cacciatore.pdf. Acesso em: 15 jul. 2015 (tradução nossa).
56   MÁRQUEZ-FERNÁNDEZ, Álvaro, loc. cit.
57   "Todas são correlacionadas nesse sentido, isto é, em sua forma e conteúdo para estar presente perante o outro, porque as culturas não são realidades puras nem abstratas, desconectadas de seus autores materiais. Sua heterogeneidade é o que nutre o dinamismo interno e externo de suas modificações". Cf. MÁRQUEZ-FERNÁNDEZ, Álvaro, loc. cit.

Por conseguinte, aquele que é suposto como "diferente" – o Outro –, apresenta um "inegável valor para a compreensão da interculturalidade, "como um processo de discussão e esclarecimento dos quais são os registros da consciência e memória cultural de qualquer coletivo social".[58]

De acordo com esse raciocínio, o autor[59] explica que devemos estar atentos para não entender como interculturalidade a "confrontação de culturas, nem um abrir-se de uma cultura para outra com o interesse, expresso ou tácito, de subsumi-la ou assumi-la em sua contextualidade". O que realmente é necessário é o reconhecimento interior das culturas em suas próprias lógicas discursivas, o reconhecimento do direito de "construir seus contextos a partir de si mesmas, com suas analogias e contradições".

Como alude Marilena Chauí,[60] será somente por meio de um diálogo e de "uma ação transnacionalmente organizada de grupos de oprimidos que se distinguirá uma política emancipatória de uma política meramente regulatória"; ou seja, somente na busca de um universalismo concreto de culturas, este construído "por meio de diálogos interculturais sob diferentes concepções de dignidade humana", poderemos falar da constituição de uma convivência ética e humanitária.

Consequentemente, quando falamos de um diálogo intercultural, estamos tratando de um diálogo fundado, necessariamente, na hermenêutica. Somente a hermenêutica[61] será capaz de ler e interpretar – através de – a superficialidade da existência, uma vez que assume o valor e o sentido da vida, como interpretação e criação permanente articuladas a uma história que sofre contínuas transformações culturais e de perspectivas do universo.

---

58 MÁRQUEZ-FERNÁNDEZ, Álvaro. Globalización neoliberal y filosofía intercultural. Red Internacional de estudios interculturales. Pontificia Universidad Católica del Perú, 2013. Disponível em: http://red.pucp.edu.pe/ridei/libros/globalizacion-neoliberal-y-filosofia-intercultural/. Acesso em: 10 jul. 2015 (tradução nossa).
59 MÁRQUEZ-FERNÁNDEZ, Álvaro. Globalización neoliberal y filosofía intercultural. Red Internacional de estudios interculturales. Pontificia Universidad Católica del Perú, 2013. Disponível em: http://red.pucp.edu.pe/ridei/libros/globalizacion-neoliberal-y-filosofia-intercultural/. Acesso em: 10 jul. 2015 (tradução nossa).
60 CHAUÍ, Marilena. Saudações a Boaventura de Souza Santos. In: SANTOS, Boaventura de Souza; CHAUÍ, Marilena. *Direitos humanos, democracia e desenvolvimento*. São Paulo: Cortez, 2013, p. 31.
61 VALLESCAR PALANCA, D. *Hacia una racionalidad intercultural*: cultura, multiculturalismo e interculturalidad. Tese (Doutorado em Ética e Sociologia). Universidade Complutense de Madrid, 2000, p. 349 (tradução nossa).

3.2.1 POR UMA HERMENÊUTICA DIATÓPICA

Como no diálogo intercultural, "a troca não é apenas entre diferentes saberes, mas também entre diferentes culturas", onde universos de sentidos diferentes se encontram e, consistem em "constelações de *topoi*[62] fortes". A partir dessa afirmação, Boaventura de Souza Santos[63] proporá uma hermenêutica diatópica como "procedimento hermenêutico adequado" para guiar as dificuldades enfrentadas no que diz respeito ao entendimento de determinada cultura, a partir "dos *topoi* de outra cultura", tarefas que para alguns, se faz "quase impossível".

Uma vez que a luta[64] "pela defesa e promoção da dignidade humana[65] não consiste num mero exercício intelectual", mas sim numa prática, "fruto de uma entrega moral, afetiva e emocional baseada na incondicionalidade do inconformismo e da exigência da ação", podemos entender que somente será possível tal entrega partindo de uma "identificação profunda" com as diferentes culturas, dentro de uma sociedade intercultural e democrática – mas com a condição de existir um diálogo intercultural e uma hermenêutica diatópica.

Desse modo, para Santos, o que a hermenêutica diatópica nos mostra é que não há interpretações acabadas ou culturas completas. Para trazer uma completude, é necessário "ampliar ao máximo a consciência de incompletude mútua por intermédio de um diálogo que se desenrola, por assim dizer, com

---

62   "Os *topoi* são os lugares comuns retóricos mais abrangentes de determinada cultura. Funcionam como premissas de argumentação que, por não se discutirem, dada a sua evidência, tornam possível a produção e a troca de argumentos. *Topoi* fortes tornam-se altamente vulneráveis e problemáticos quando 'usados' em uma cultura diferente". Cf. SANTOS, Boaventura de Souza. Por uma concepção multicultural de direitos humanos. In: SANTOS, Boaventura de Souza (Org.). *Reconhecer para libertar*: os caminhos do cosmopolitismo multicultural. Rio de Janeiro: Civilização Brasileira, 2003, p. 443.
63   SANTOS, Boaventura de Souza. Por uma concepção multicultural de direitos humanos. In: SANTOS, Boaventura de Souza (Org.). *Reconhecer para libertar*: os caminhos do cosmopolitismo multicultural. Rio de Janeiro: Civilização Brasileira, 2003, p. 443.
64   Ibid., p. 444.
65   "Na forma como são agora predominantemente entendidos, os direitos humanos são uma espécie de esperanto que dificilmente se poderá tornar a linguagem cotidiana da dignidade humana nas diferentes regiões culturais do globo. Compete à hermenêutica diatópica [...] transformá-los numa política cosmopolita que ligue em rede línguas nativas de emancipação, tornando-as mutuamente inteligíveis e traduzíveis. Cf. SANTOS, Boaventura de Souza. Uma concepção multicultural de direitos humanos. *Revista Lua Nova*, n. 39, 1997, p. 105-124.

um pé em uma cultura e outro em outra".[66] Isto nos proporcionará a possibilidade de ver a incompletude e o caráter não manifesto de nossas evidências. Conforme explica Santos:

> O reconhecimento de incompletudes mútuas é condição *sine qua non* de um diálogo intercultural. A hermenêutica diatópica desenvolve-se tanto na identificação local quanto na inteligibilidade translocal das incompletudes. [...] Pela sua própria natureza, a hermenêutica diatópica é um trabalho de colaboração intercultural e não pode ser levado a cabo a partir de uma única cultura ou por uma só pessoa.[67]

Podemos dizer que "a completude cultural é o ponto de partida, não o ponto de chegada"[68] do início do diálogo intercultural, pois será o momento de descontentamento com a nossa cultura que envolverá a relevância de outras culturas que conhecemos. Será a partir dessa noção de incompletude da nossa cultura que nascerá o "impulso individual ou coletivo para o diálogo intercultural e para a hermenêutica diatópica".

Assim, o objetivo de uma hermenêutica diatópica[69] é aprofundar a incompletude cultural e é transformar a consciência de incompletude da cultura em uma consciência autorreflexiva. Dito de outro modo, "a hermenêutica diatópica pressupõe a aceitação do seguinte imperativo transcultural: temos o direito a ser iguais quando a diferença nos inferioriza; temos o direito a ser diferente quando a igualdade nos descaracteriza".[70]

Portanto, usar da hermenêutica no diálogo intercultural, numa relação com o outro,[71] refere-se a um modo de reconhecer a dimensão "da

---

66   Ibid., p. 443.
67   Ibid., p. 447-450.
68   SANTOS, Boaventura de Souza. Por uma concepção multicultural de direitos humanos. In: SANTOS, Boaventura de Souza (Org.). *Reconhecer para libertar*: os caminhos do cosmopolitismo multicultural. Rio de Janeiro: Civilização Brasileira, 2003, p. 455.
69   SANTOS, Boaventura de Souza, loc. cit.
70   Ibid., p. 458.
71   FORNET-BETANCOURT, Raúl. La interculturalidad a prueba. Disponível em: http://www.uca.edu.sv/filosofia/admin/files/1210106845.pdf. Acesso em: 18 jul. 2015 (tradução nossa).

passividade que, como elemento fundamental de autoconhecimento", implica estarmos conscientes que somos sujeitos de interpretação em sentido pleno "quando, e somente quando, sabemos complementar o momento ativo de nos interpretarmos, com o momento passivo de sermos interpretados".

3.3 O INTERCULTURALISMO E A CONFIGURAÇÃO DE UMA CONVIVÊNCIA ÉTICA E HUMANITÁRIA

Somos o um no todo e o todo no um. Sabemos que cada parte deste todo é diferente, pois somos diferentes; cada homem é distinto do outro, cada pessoa é um indivíduo com sua personalidade, em sua alteridade. Mas não devemos esquecer que são as relações que constituem a realidade plural do mundo em que vivemos. Somente sabemos quem somos a partir dos elos que nos unem ao outro, a partir de uma relação com o outro.

Para viver o interculturalismo, de forma ética e humanitária, não podemos esquecer que estamos nos (inter)relacionando com diversas culturas e com as diferenças que se apresentam em sociedade.

Nessa perspectiva, Javier Pérez Cuéllar esclarece que:

> Nenhuma cultura é uma entidade hermeticamente fechada. Todas as culturas influenciam outras e são por elas influenciadas. Tampouco são imutáveis, invariáveis ou estáticas: as culturas encontram-se em um estado constante de fluxo, conduzidas por forças internas ou externas. Tais forças podem produzir efeitos benéficos de acomodação e harmonia, baseados em ações voluntárias, ou, ao contrário, podem gerar reações involuntárias de conflito violento, de dominação e de exercício ilegítimo de poder.[72]

---

[72] CUÉLLAR, Javier Pérez de (Org.). Nossa diversidade criadora. *Relatório da Comissão Mundial de Cultura e Desenvolvimento*. Tradução de Alesandro Warley Candeas. UNESCO, 1997; São Paulo: Papirus, 1997, p. 69.

Como explica Emmanuel Lévinas,[73] se essa relação com o outro consiste num querer de compreensão do outro, deve-se ultrapassar essa compreensão cedendo espaço para o reconhecimento que o outro exige, uma vez que ele não nos afeta a partir de um conceito. "Ele é ente e consta como tal."

Portanto, de acordo com o que refletimos até aqui sobre o interculturalismo, entendemos que esse modelo de convivência na sociedade se desenvolve na proposição de uma consciência humanitária, uma responsabilidade para com o Outro; uma relação mútua que vai além do Eu, na busca da alteridade, da individualidade do Outro, num amar poético permanente, tendo por base uma ética preocupada com o pluralismo de identidades encontradas na sociedade plural.

Nesse raciocínio, explica Willis Santiago Guerra Filho:

> Eis o caráter extraordinário da vida humana, dotada de subjetividade (espírito, mente, consciência ou como se queira denominá-la), na qual se revelam ideias a respeito do universo "lá fora", bem como sobre a ou as divindade(s) que nos transcende(m), como ainda, reflexivamente, sobre si mesma, em si e em outros. Tal extraordinariedade é que nos atribui, propriamente, a responsabilidade, no sentido de que podemos assumi-la ou não, pela liberdade co(r)respondente, imanente deste modo de ser o que somos.[74]

Numa reflexão sobre a questão do Outro como problema a ser discutido diante do pluralismo cultural, é necessário pensar, inicialmente, na questão da consciência do Outro; e isto "está além da simples cons-

---

73   LÉVINAS, Emmanuel. *Humanismo do outro homem*. Tradução de Pergentino Pivato et al. Rio de Janeiro: Vozes, 2012, p. 66.
74   Cf. Willis Santiago Guerra Filho: "De antemão, no entanto, assombra-nos a possibilidade de estarmos pondo a perder uma oportunidade absolutamente excepcional – e isso, tanto individual como coletivamente, em escala mundial, inclusive – quando nos conduzimos sem sequer nos preocuparmos com o significado que pode ter isso de sermos dotados de consciência e da correlata responsabili(ber)dade. GUERRA FILHO, Willis Santiago. Ideias inconclusivas sobre um neojushumanismo: proposta de estudos a serem desenvolvidos. *Revista da Faculdade de Direito de São Bernardo do Campo*, 2011, p. 249-259.

ciência das diferenças necessárias para o reconhecimento de qualquer pluralismo".[75]

Nesse sentido, segundo Raimon Panikkar,[76] falamos aqui de uma consciência que tem outras entidades, diferentes daquelas que conhecemos; uma consciência de "que o logos é mais que simples razão, o homem, mais que logos, e o ser, mais que homem". Ou seja, é a consciência do Eu, na sua razão, na sua consciência, no seu ser visto pela sua realidade, que não se encontra no centro de todas as coisas, mas sim em um dos "polos" do todo.

Sob essa perspectiva, não estamos sozinhos. A solidão que permite que o Eu seja ele mesmo não deverá ser confundida com o "isolamento" que "sufoca".[77] Daí a resposta para o começo da ideia de um pluralismo, o reconhecimento do outro que implica minha identidade, uma vez que "eu sou um ser em relação" com o outro, e desse modo, me encontro no todo.

Seguindo essa linha de pensamento, segundo Lévinas:

> O absoluto da presença do Outro que justificou a interpretação de sua epifania na retidão excepcional do tutear não é a simples presença onde, em fim de conta, estão também presentes as coisas. Sua presença pertence ainda ao presente de minha vida. Tudo o que constitui minha vida com seu passado e seu futuro é reunido no presente em que me vêm as coisas. [...] o que aí se apresenta está por absorver-se da minha vida e me visita como já absoluto.[78]

Não podemos esquecer que o Outro não é somente o outro. "O Outro é um sujeito de amor e de conhecimento, a outra pessoa não é puramente o outro". O Outro, assim como nós, não se vê a si mesmo como outro, mas se permite a ver-se como "eu", como eu "me vejo a mim mesmo".[79]

---

75   PANIKKAR, Raimon. *Sobre el dialogo intercultural*. Salamanca: San Esteban. 1990, p. 47 (tradução nossa).
76   Ibid., p. 48.
77   PANIKKAR, Raimon, loc. cit.
78   LÉVINAS, Emmanuel. *Humanismo do outro homem*. Tradução de Pergentino Pivato et al. Rio de Janeiro: Vozes, 2012, p. 66.
79   LÉVINAS, Emmanuel, loc. cit.

Coisificar o Outro e não permitir um lugar para ele no meu Eu é uma das maiores falhas que o ser humano pode cometer, uma vez que "o amor é o eu satisfeito pelo tu, captando em outrem a justificação de seu ser".[80] Se pensarmos numa moral de respeito mútuo, estamos a falar da moral do amor – amor pelo outro ser humano.

Nessa esteira de pensamento, Paulo Freire irá esclarecer que:

> Sujeito que, conquistando o outro, o transforma em quase "coisa", na teoria dialógica da ação, os sujeitos se encontram para a transformação do mundo em colaboração. O eu antidialógico, dominador, transforma o tu dominado, conquistado num mero "isto". O eu dialógico, pelo contrário, sabe que é exatamente o tu que o constitui. Sabe também que, constituído por um tu – um não eu –, esse tu que o constitui se constitui, por sua vez, como eu, ao ter no seu eu um tu. Desta forma, o eu e o tu passam a ser, na dialética destas relações constitutivas, dois tu que se fazem dois eu. Não há, portanto, na teoria dialógica da ação, um sujeito que domina pela conquista e um objeto dominado. Em lugar disto, há sujeitos que se encontram para a pronúncia do mundo, para a sua transformação.[81]

Desse modo, quando falamos de uma sociedade pluralista, sob a visão do interculturalismo, devemos ter em mente que esta somente pode subsistir se reconhecermos nela um centro que transcende a sua compreensão, por parte de qualquer membro particular que nela vive.

Por consequência, no reconhecimento deste centro transcendente "implica um certo grau de consciência que difere segundo o tempo, o lugar e os indivíduos envolvidos, que nunca se identifica com o objeto de consciência",[82]

---

80 LÉVINAS, Emmanuel. *Entre nós*: ensaios sobre a alteridade. Tradução de Pergentino Pivato et al. Rio de Janeiro: Vozes, 2010, p. 41.
81 FREIRE, Paulo. *Pedagogia do oprimido*. São Paulo: Paz e Terra, 2005, p. 192.
82 "Implica un cierto grado de conciencia que difere según el tempo, el lugar y los indivíduos implicados, que nunca se identifica con el objeto de conciencia". PANIKKAR, Raimon. *Sobre el dialogo intercultural*. Salamanca: San Esteban. 1990, p. 48 (tradução nossa).

ou seja, o pluralismo assumirá sempre um remanescente de consciência.

Conforme explica Lévinas:[83] "compreender uma pessoa é já falar-lhe. Pôr a existência de outrem, deixando-a ser, é já ter aceitado essa existência, tê-la tomado em consideração". Desse modo, podemos salientar que: "ter aceitado", "ter considerado" não correspondem a uma compreensão, a um "deixar-ser", tratam-se de uma condição de se tomar consciência sobre o outro.

Dando continuidade a esta explicação, o autor esclarece, ainda, que:

> A compreensão, ao se reportar ao ente na abertura do ser, confere-lhe significação a partir do ser. Neste sentido, ela não o invoca, apenas o nomeia. E, assim, comete a seu respeito uma violência e uma negação. Negação parcial que é violência. E esta parcialidade descreve-se no fato de que o ente, sem desaparecer, se encontra em meu poder. A negação parcial, que é a violência, nega a independência do ente: ele depende de mim. A posse é o modo pelo qual um ente, embora existindo, é parcialmente negado.[84]

Se somente compreendemos o outro a partir do que conhecemos da "sua história, de seu meio, de seus hábitos" – conforme já explicitado anteriormente nos pensamentos de Lévinas[85] –, tudo o mais que escapa à compreensão "é ele", o próprio ente; quando pensamos no outro como significação ética, o que deve ser levado em consideração é que o encontro com o Outro consiste no fato de que o Eu não o possui, não entrando na abertura do ser em que se encontra o Eu, ou no seu campo da liberdade individual.

Partindo dessa reflexão, podemos dizer que "a ética da compreensão humana constitui, sem dúvida, uma exigência-chave de nossos tempos de incompreensão generalizada", já que vivemos hoje num mundo de incompreensões entre os membros de uma mesma sociedade – a sociedade de seres humanos, a sociedade do Eu e do Outro. Será somente por meio da compreensão do outro como sujeito que estaremos, eticamente, reconhecendo a alteri-

---

83   LÉVINAS, Emmanuel, op. cit., p. 26-27.
84   LÉVINAS, Emmanuel. *Entre nós*: ensaios sobre a alteridade. Tradução de Pergentino Pivato et al. Rio de Janeiro: Vozes, 2010, p. 29.
85   Ibid., p. 30.

dade e a liberdade de todos no mundo e nos livrando do ódio e da exclusão.

De acordo com Edgar Morin:

> A compreensão humana nos chega quando sentimos e concebemos os humanos como sujeitos; ela nos torna abertos a seus sofrimentos e suas alegrias. Permite-nos reconhecer no outro os mecanismos egocêntricos de autojustificação, que estão em nós, bem como as retroações positivas (no sentido cibernético do termo) que fazem degenerar em conflitos inexplicáveis as menores querelas. É a partir da compreensão que se pode lutar contra o ódio e a exclusão.[86]

Se a individualidade do Eu será distinta da individualidade do Outro – "pelo fato de sua identidade não ser feita do que a distingue dos outros, mas de sua referência a si"[87] –, para falar de uma totalidade, devemos estender nosso pensamento às necessidades do outro, iniciando-se pela concepção de uma liberdade exterior à nossa. Será a possibilidade da injustiça, dentro de uma sociedade plural, a "única possibilidade da limitação da liberdade e condição da totalidade".[88]

Sob essa perspectiva sobre a totalidade, podemos caracterizar a origem da noção de significação e integração segundo a totalidade hegeliana, que se constitui objetivamente: chamando de conceito o movimento do saber como Eu, onde o objeto como Eu corresponde ao objeto para um Outro – uma consciência que se duplica numa certeza do puro ser, uma certeza do Eu por meio de uma certeza do Outro: o Eu-em-si.

Conforme a reflexão de Hegel:

> [...] vemos que o objeto corresponde ao conceito, não só para nós, mas para o próprio saber. Ou, de outra maneira: chamemos con-

---

86   MORIN, Edgar. *A cabeça bem-feita*: repensar a reforma, reformar o pensamento. Tradução de Eloá Jacobina. Rio de Janeiro: Bertrand Brasil, 2010, p. 51.
87   LÉVINAS, Emmanuel. *Entre nós*: ensaios sobre a alteridade. Tradução de Pergentino Pivato et al. Rio de Janeiro: Vozes, 2010, p. 37.
88   Ibid., p. 50.

ceito o que o objeto é em-si, e objeto o que é como objeto ou para um Outro; então fica patente que o ser-em-si e o ser-para-um-Outro são o mesmo. Com efeito, o Em-si é a consciência, mas ela é igualmente aquilo para o qual é um Outro (o Em-si): é para a consciência que o Em-si do objeto e seu ser-para-um-Outro são o mesmo. O Eu é o conteúdo da relação e a relação mesma; defronta um Outro e ao mesmo tempo o ultrapassa; e este Outro, para ele, é apenas ele próprio.[89]

O que Hegel demonstra é o desejo de uma consciência por outra consciência como a verdade de si mesma, isso através da verdade do outro, de uma autoconsciência como unidade do diferente, ou seja:

> Para a consciência-de-si portanto, o ser-Outro é como um ser, ou como momento diferente; mas para ela é também a unidade de si mesma com essa diferença, como segundo momento diferente. Com aquele primeiro momento, a consciência-de-si é como consciência e para ela é mantida toda a extensão do mundo sensível; mas ao mesmo tempo, só como referida ao segundo momento, a unidade da consciência-de-si consigo mesma.[90]

Assim, para Hegel, a autoconsciência do Eu irá se satisfazer na autoconsciência do Outro, uma vez que o Outro é o outro de si mesmo, num contrassenso dialético, na medida em que a autoconsciência somente "é" a partir do momento que se encontra na consciência do Outro, tratando-se de parte fundamental na construção da identidade e autonomia – permitindo, desse modo, a liberdade do Eu e do Outro.

A possibilidade de nos reconhecer no mundo se concretiza quando saímos de nós, na medida em que o Outro anuncia quem somos e passamos a ser um mesmo-outro de si, enquanto o Outro faz o mesmo consigo e se

---

89   HEGEL, Georg Wilhelm Friedrich. *Fenomenologia do espírito*. Tradução de Paulo Meneses. Rio de Janeiro: Vozes, 1992, p. 119-120.
90   HEGEL, Georg Wilhelm Friedrich. *Fenomenologia do espírito*. Tradução de Paulo Meneses. Rio de Janeiro: Vozes, 1992, p. 120.

reconhece através de nós.

Em continuação à explicação de uma totalidade, Lévinas aduz que, sendo a significação[91] um "arranjo livre e criador" enquanto totalidade necessária à percepção, o conjunto do ser "deve produzir-se para clarear o dado", antes que um ser se reflita "no pensamento como projeto".

Trata-se de uma ação – dentro de uma cultura plural – que não irá exprimir um pensamento previamente estipulado, mas o próprio ser, pois o pensamento insere-se na cultura por meio do gesto, da linguagem.

Diante dessa expressão do "gesto cultural",[92] deve-se considerar que a expressão, "antes de ser celebração do ser", se mostra como uma relação com o outro, cuja presença já é requerida para que o gesto cultural de expressão se produza, ou seja:

> O outro que está diante de mim não está incluído na totalidade do ser expresso. Ele ressurge por de trás de toda reunião do ser, como aquele para quem eu exprimo isto que exprimo. Eu me reencontro diante do Outro. Ele não é nem uma significação cultural, nem um simples dado. Ele é primordialmente sentido, pois ele o confere à própria expressão, e é por ele somente que um fenômeno como o da significação se introduz, *de per si*, no ser.

Desse modo, as ações do homem deverão ser praticadas levando em consideração a liberdade, a alteridade, o bem-estar do outro. Isso nos traz uma responsabilidade ética para com o outro.

Para a prática dessa ação responsável perante todos os seres humanos, que são considerados o "Outro", devemos agir longe de qualquer individualismo, numa proposta ética de guardadores dos direitos e alteridade do outro.

Por conseguinte, diante dessa prática de ação responsável, Habermas[93] comenta que tanto a igualdade de tratamento quanto a solidariedade "fundamentam-se, de fato, no reconhecimento recíproco de sujeitos respon-

---

[91] LÉVINAS, Emmanuel. *Humanismo do outro homem*. Tradução de Pergentino Pivato et al. Rio de Janeiro: Vozes, 2012, p. 27-29.
[92] Ibid., p. 50.
[93] HABERMAS, Jürgen. *Comentários à ética do discurso*. Lisboa: Instituto Piaget, 1991, p. 21.

sáveis, que orientam a sua ação por pretensões de validade".

No tocante à alteridade, Paul Ricoeur[94] propõe uma reflexão argumentando que a alteridade não é passível de ser reduzida ao próprio outro, já que ela supõe um modo intersubjetivo, um modo de desenhar o sujeito, um modo do sujeito de dizer a si mesmo. É preciso considerar que, dentro de um interculturalismo, o Eu e o Outro não podem mais ser pensados como elementos separados que oferecem uma análise comparativa, mas sim pensar na alteridade como "constituída da mesma individualidade do sujeito". De tal modo, podemos dizer que:

> Sè come un altro suggerisce, findall'inizio che l'ipseità[95] del se stesso implica l'alterità ad un grado così intimo che l'una non si lascia pensare senza l'altra, che l'una passa piuttosto nell'altra – come diremmo in linguaggio hegeliano. Al 'come' vorremmo annettere la significazione forte, legata non soltanto ad una comparazione – se stesso somigliante ad un altro – ma ad una implicanza: sé in quanto... altro.[96]

Numa análise que conduz o pensamento do abstrato para o concreto, o que deve ser colocado em evidência é o questionamento a respeito do "si mesmo como outro". E aqui, a atenção é voltada à dedução transcendental da noção de pessoa, numa noção do transcendental como linguagem, como medida em que se inscreve a "pessoa", numa "rede de intersignificações a partir da qual é possível individualizar" a pessoa como um conceito de significação de equivalência forte.[97] Isso significa repensar a reflexão no sentido de atribuição ao eu, e a alteridade no

---

94   RICOEUR, Paul. *Sé come un altro*. Milão: Jaca Book, 2005, p. 42 (tradução nossa).
95   HEIDEGGER: essência do si-mesmo (autocausalidade); DICIONÁRIO AURELIO: princípio de individuação.
96   "Si mesmo como um outro sugere, desde o início que o individualiza de si mesmo implica a alteridade a um grau assim íntimo que uma não consegue pensar sem a outra, que uma passa pela outra – como diremos numa linguagem hegeliana. Conforme gostaríamos de anexar a forte significação, ligada não somente a uma comparação – o si mesmo semelhante a um outro – mas a uma implicação: si mesmo enquanto... outro". Cf. RICOEUR, Paul. *Sé come un altro*. Milão: Jaca Book, 2005, p. 42 (tradução nossa).
97   Ibid., p. 49.

sentido de atribuição do outro.

Dando continuidade a esse questionamento, na mesma esteira de Ricoeur, Lévinas irá explicar que "a transcendência é o que nos faz face", uma estrutura que provém da fé; em outras palavras, "a condição da verdade da proposição não reside no desvelamento de um ente ou do ser de um ente, mas na expressão do interlocutor a que eu digo tanto o ente, que ele é como o ser de seu ente".[98]

Diante disso, podemos falar de liberdades que não se limitam nem se negam, liberdades que se afirmam dentro de uma reciprocidade, transcendentes uma em relação à outra, dentro de uma moral universalista.

Como pontua Habermas:

> [...] No que diz respeito à abstracção dos conteúdos de uma moral universalista, a partir dos pressupostos gerais de argumentação, a estratégia do discurso ético revela-se promissora, uma vez que o discurso oferece precisamente uma forma de comunicação mais exigente e que transcende as formas concretas de vida, pela qual as pressuposições da acção orientada para a comunicação são generalizadas, abstraídas e ampliadas, no sentido do seu alargamento a uma comunidade de comunicação ideal e inclusiva de todos os sujeitos dotados da capacidade de linguagem e acção. (sic)[99]

Será a partir da responsabilidade pelo outro que veremos surgir a justiça. Uma justiça que "comporta julgamento e comparação, comparação daquilo que, em princípio, é incomparável", posto que cada ser é único no universo, cada e todo "outro" é único.[100]

Aqui podemos retomar o termo respeito, explicando que a reciprocidade desse respeito – do eu para com o outro –, numa interação social,

---

98   LÉVINAS, Emmanuel. *Entre nós*: ensaios sobre a alteridade. Tradução de Pergentino Pivato et al. Rio de Janeiro: Vozes, 2010, p. 57.
99   HABERMAS, Jürgen. *Comentários à ética do discurso*. Lisboa: Instituto Piaget, 1991, p. 21.
100 LÉVINAS, Emmanuel. *Entre nós*: ensaios sobre a alteridade. Tradução de Pergentino Pivato et al. Rio de Janeiro: Vozes, 2010, p. 131.

não é uma relação indiferente, "como uma contemplação serena",[101] nem o resultado dessa contemplação, mas a condição da ética como linguagem, como responsabilidade pelo outro, como relação entre iguais, igualdade vista como base de justiça e solidariedade.

Sob um aspecto intercultural baseado em um princípio moral que busca o cumprimento da justiça e da solidariedade, Habermas pontua que:

> Como as morais estão moldadas à susceptibilidade dos seres vivos, que se individualizam por acção da socialização, tem sempre que cumprir duas tarefas de uma só vez: sublinham a intangibilidade dos indivíduos, na medida em que reclamam igual respeito pela dignidade de cada um; protegem, em igual proporção, as relações intersubjetivas do reconhecimento recíproco, através das quais se preservam os indivíduos enquanto membros de uma comunidade. A estes dois aspectos complementares, correspondem os princípios de justiça e de solidariedade. Enquanto um postula respeito e direitos iguais para cada indivíduo, o outro reclama empatia e cuidado em relação ao bem-estar do próximo.[102] (sic)

Por meio desta visão, poderemos distinguir as ideias de equidade, solidariedade e autodeterminação do indivíduo, como esclarece Habermas:

> Quanto mais as estruturas de um universo se diferenciam, mais claramente se vê como a autodeterminação crescente do indivíduo particular está entrelaçada com a sua progressiva integração em múltiplos esquemas de dependência social.[103]

Segundo essa perspectiva, podemos dizer que o acolhimento e a integração fundam a verdadeira intermediação das diferenças enquanto inter-relações na sociedade intercultural, por meio do diálogo, na recepção do

---

101 Ibid., p. 58.
102 HABERMAS, Jürgen. *Comentários à ética do discurso*. Lisboa: Instituto Piaget, 1991, p. 19.
103 Ibid., p. 18.

Outro como Outro, do Outro como Eu e do Eu como o Outro, numa colaboração mútua, ética e responsável.

Na medida em que somos responsáveis[104] pela harmonia do universo, numa cooperação em que acrescentamos e transformamos, estamos cooperando com uma sinergia ativa e passiva, toda vez que participamos tanto ativa quanto passivamente na aventura do ser.

Esta aventura do Ser não se trata de uma evolução frente ao futuro, tampouco frente ao passado. A Paz,[105] como o Ser, não é estática nem dinâmica, mas se move dialeticamente, seguindo um ritmo de integração de movimento e de calma, do esforço para alcançar a meta como fim da peregrinação e vontade de se encontrar em si mesmo, na natureza mais profunda do devir do ser, que é um estar sendo.

Se observarmos o mundo, veremos que o Todo se encontra relacionado com o Todo,[106] e cada parte desse Todo é diferente, como todos os homens são diferentes entre si. Cada uma dessas pessoas, únicas dentro da rede de relacionamentos, constitui esta realidade.

Podemos dizer, não obstante, que não se trata somente de semelhanças de comportamentos ou um conjunto de características distintivas, mas de culturas que manifestam as distintas formas de pensar e viver a realidade.

Assim sendo, podemos afirmar que as diferenças culturais não são acidentes ou somente um aspecto superficial do ser humano,[107] mas são, na realidade, diferenças humanas – e, como elemento importante que não pode escapar das discussões da atual sociedade intercultural, não podemos ignorá-las.

Quando falamos de interculturalidade, devemos lembrar que:

> Interculturalidad no significa relativismo cultural (una cultura vale tanto como otra), ni fragmentación de la naturaleza humana. Toda cultura es cultura humana – aunque pueda degenerar. Dicho

---

104   PANNIKAR, Raimon. *Paz e interculturalidad*: una reflexión filosófica. Barcelona: Helder Editorial, 2006, p. 151 (tradução nossa).
105   PANNIKAR, Raimon, loc. cit.
106   Ibid., p. 17 (tradução nossa).
107   PANNIKAR, Raimon, loc. cit.

de manera más filosófica, existen invariantes humanos, pero no existen universales culturales. Su relación es trascendental: el invariante humano se percibe solamente dentro un determinado universal cultural.[108]

Quando tratamos do interculturalismo, devemos ter em mente que estamos falando a respeito de uma ideia, de uma filosofia, que trata do ser humano e sua interligação, inter-relação e intersolidariedade com todo o sistema humanitário.

Consequentemente, estamos falando da relação de cada uma das pessoas e suas relações pessoais, interpessoais e socioculturais com todos os seres humanos, numa dimensão particular, numa dimensão coletiva, numa dimensão solidária.

Portanto, essa convivência deverá ser com o Todo – e isso implica o sistema planetário, uma vez que esta relação diz respeito a uma convivência humana. E para ser completa, ética e humanitária, essa convivência deve estar em consonância com todo o Sistema Humano, a partir de uma consciência universal.

Conforme entendimento de Fritjof Capra:

> Os seres humanos evoluíram como animais e seres sociais e não podem conservar-se física ou mentalmente bem se não permanecerem em contato com outros seres humanos. Mais do que qualquer outra espécie social, dedicamo-nos ao pensamento coletivo e, assim procedendo, criamos um mundo de culturas e de valores que é parte integrante de nosso meio ambiente natural.[109]

---

108   "Interculturalidade não significa relativismo cultural (uma cultura vale tanto quanto outra), nem fragmentação da natureza humana. Toda cultura é cultura humana – embora possa degenerar. Dito de maneira mais filosófica, existem invariantes humanos, porém, não existem universos culturais. Sua relação é transcendental: o invariante humano se percebe somente dentro de um determinado universo cultural". Cf. PANNIKAR, Raimon. *Paz e interculturalidad*: una reflexión filosófica. Barcelona: Helder Editorial, 2006, p. 18 (tradução nossa).
109   CAPRA, Fritjof. *O ponto de mutação*. Tradução de Álvaro Cabral. São Paulo: Cultrix, 2006, p. 291.

Em concordância com a ideia de Capra, Morin[110] explica que, pensando em uma identidade humana comum, mesmo que diferentes em seus "genes, solos, comunidades, ritos, mitos e ideias", o homem tem uma identidade comum com todos os seus representantes.

Isso nos leva a crer que, igualmente, existe uma unidade psicológica e afetiva entre todas as culturas; e, a partir dessa comunidade de origem terrestre, entendemos que somos filhos da vida e filhos da Terra.

Lembrando que a comunidade planetária de homens tem seu inimigo: a grande diferença se encontra na verdade de que o "inimigo está em nós mesmos e é difícil reconhecê-lo e enfrentá-lo. O resultado disso é que estamos apenas engatinhando nessas tomadas de consciência e novas solidariedades",[111] numa busca de solução para a "gigantesca crise planetária" que diz respeito a uma crise da própria humanidade, "que não consegue atingir o estado de humanidade".[112]

Neste sentido, Edgar Morin pontua que:

> A consciência e o sentimento de pertencermos à Terra de nossa identidade terrena são vitais atualmente. A progressão e o enraizamento desta consciência de pertencer a nossa pátria terrena é que permitirão o desenvolvimento, por múltiplos canais e em diversas regiões do globo, de um sentimento de religação e intersolidariedade, imprescindível para civilizar as relações humanas.[113]

Como a evolução humana a cada dia progride "através de uma interação dos mundos interno e externo, dos indivíduos e da sociedade, da natureza e da cultura",[114] para Capra fica claro que estamos tratando de sistemas vivos de interação, num modelo de auto-organização. Se as "instituições sociais evoluem no sentido de uma complexidade e

---

110   MORIN, Edgar. *A cabeça bem-feita*: repensar a reforma, reformar o pensamento. Tradução de Eloá Jacobina. Rio de Janeiro: Bertrand Brasil, 2010, p. 73.
111   MORIN, Edgar. *A cabeça bem-feita*: repensar a reforma, reformar o pensamento. Tradução de Eloá Jacobina. Rio de Janeiro: Bertrand Brasil, 2010, p. 71.
112   Id., 2013, p. 33.
113   MORIN, Edgar, op. cit., 2010, p. 73.
114   CAPRA, Fritjof. *O ponto de mutação*. Tradução de Álvaro Cabral. São Paulo: Cultrix, 2006, p. 291.

diferenciação crescentes", então estamos crescendo num ímpeto de autotranscedência da vida, do Todo.

Desse modo, segundo Morin,[115] podemos ser considerados verdadeiros cidadãos do mundo se formos solidários e responsáveis nas nossas relações com o Outro, por meio de um sentimento profundo de filiação – "um sentimento matripatriótico" que deve ser cultivado de "modo concêntrico sobre o país, o continente, o planeta".

Em continuidade a esse pensamento, o autor alude que a globalização "constitui a pior coisa que possa ter acontecido à humanidade",[116] mas ao mesmo tempo, também constitui a melhor coisa, pois, pela primeira vez na história, reuniram-se as condições de ultrapassar uma história de guerras e conflitos, que poderiam terminar num suicídio global da humanidade. Foi por meio da globalização que passou a existir uma interdependência "cada vez maior entre cada um e entre todos, nações, comunidades, indivíduos", e foi a partir de então que "as simbioses e mestiçagens culturais" se multiplicaram.[117]

O cuidado que devemos ter agora é para que as diversidades resistam aos processos de homogeneização que tendem a destruí-las. Vivemos hoje numa sociedade-mundo e, desse modo, podemos visualizar a "Terra como pátria sem que ela negue as pátrias existentes, mas ao contrário, as englobe e as proteja".[118]

Para entendermos uma sociedade sob a égide do interculturalismo, que está envolvida numa convivência humanitária, responsável e ética com as interrelações humanas, na qual o Eu e o Outro se encontram numa comunhão de destinos e compreensão mútua, precisamos estar cientes de que:

> Diante dos problemas vitais e mortais comuns, a comunidade de destino da espécie humana exige uma política da humanidade;[119]

---

115   MORIN, Edgar, op. cit., 2010, p. 74.
116   MORIN, Edgar. *A cabeça bem-feita*: repensar a reforma, reformar o pensamento. Tradução de Eloá Jacobina. Rio de Janeiro: Bertrand Brasil, 2010. p. 35.
117   MORIN, Edgar, loc. cit.
118   Ibid., p.36.
119   "A política da humanidade implica o respeito à autonomia das sociedades, incluindo-as integralmente nas trocas e interações planetárias". MORIN, Edgar. *A via para o futuro da humanidade*. Tradução de Edgard de Assis Carvalho. Rio de Janeiro: Bertrand, 2013, p. 60.

essa política seria fundada no conceito de Terra-Pátria, que inclui a consciência de destino comum, da identidade comum, da origem terrena comum da humanidade. Longe de negar as pátrias singulares, a Terra-Pátria as integraria em uma grande pátria comum. Os internacionalismos ignoravam a importância das diversidades culturais e nacionais. A Terra-Pátria englobaria a preocupação de salvaguardar indissoluvelmente a Unidade/Diversidade humana: o tesouro da unidade humana é a diversidade humana, o tesouro da diversidade humana é a unidade humana.[120]

Havemos de sublinhar que a parte mais importante da vida social se origina nas relações intersubjetivas, podendo afirmar até "que o caráter intersubjetivo das interações no meio da sociedade, o qual tece a própria vida dessa sociedade, é fundamental";[121] e, se quisermos conhecer o que é humano, individual, interindividual e social, é de caráter vital a compreensão e a consciência humanitária.[122]

Desse modo, Morin explicita que a era em que vivemos se constitui e se desenvolve dentro de uma realidade transcultural, associando as diferentes culturas e suas particularidades com um aspecto de cultura mundial, simultaneamente una e diversa,[123] e, desse modo, as novas diversidades encontram-se em germe ou em formação no futuro mestiçado da humanidade.[124] Mais do que nunca, o laço fundamental entre a unidade e a diversidade humanas deve ser forjado e encorajado na via mestiça.

De acordo com a colocação de Morin,[125] essa via deveria elaborar um humanismo planetário e incorporar o melhor das culturas arcaicas, o melhor das culturas tradicionais, o melhor da modernidade ocidental.

---

120   MORIN, Edgar, ibid., p. 57 (grifo nosso).
121   MORIN, Edgar. *A cabeça bem-feita*: repensar a reforma, reformar o pensamento. Tradução de Eloá Jacobina. Rio de Janeiro: Bertrand Brasil, 2010, p. 127.
122   "A sociedade não está entregue somente, sequer principalmente, a determinismos materiais; ela é um mecanismo de confronto/cooperação entre indivíduos sujeitos, entre os 'nós e os 'Eu'". Cf. MORIN, Edgar, ibid., p. 128.
123   MORIN, Edgar, id., 2013, p. 63.
124   MORIN, Edgar, ibid. p. 65.
125   MORIN, Edgar, ibid. p. 65.

Como temos necessidade do outro para conhecermos a nós mesmos, diante das diferenças proporcionadas pela sociedade intercultural que vivemos, precisamos de um autoexame que permita "integrar o olhar do outro em um esforço permanente, a fim de compreendermos melhor nossas carências, nossas lacunas, nossas fraquezas".[126]

Será somente através desse olhar que admitiremos uma convivência ética, assumindo nossos deveres para com a comunidade de todos os humanos, desenvolvendo, como sujeitos e atores da vida, o papel de cidadãos da Terra-Pátria.

Nesse ponto de nossa reflexão, concordamos com Pannikar[127] quando se refere ao interculturalismo como um sistema de convivência, de interação, que contesta convicções profundamente enraizadas e deduzidas, e, portanto, um sistema enriquecedor que nos permite crescer, sermos transformados, estimulados a nos tornarmos mais críticos, menos absolutistas – e ampliarmos, assim, nossa tolerância.

Viver o interculturalismo é um verdadeiro desafio que devemos enfrentar para atuarmos como atores do universo humano, coerentemente, eticamente e conscientes de nossa dignidade e de nossa responsabilidade frente à dignidade do Outro, diante de um mundo repleto de signos e convicções culturais que se diferem e ao mesmo tempo se completam.

É chegado o momento de vivermos uma solidariedade concreta, de indivíduo para indivíduo, de grupos de indivíduos para grupos de indivíduos, em uma simbiose do Eu e o Outro, o Outro em si mesmo, do Uno no Todo e do Todo no Uno, para progredirmos em complexidade e, simultaneamente, em liberdade, em autonomia, em comunidade, com um sentimento de pertencimento e cooperação.

É disso que se trata o interculturalismo. A experiência como indivíduo, como sujeito cultural, político e solidário, como membro de um grupo de indivíduos, como humano, como ator do universo, como cidadão da Terra-Pátria, no interior de uma sociedade humana baseada no respeito,

---

126   MORIN, Edgar, ibid., p. 354-355.
127   PANNIKAR, Raimon. *Paz e interculturalidad:* una reflexión filosófica. Barcelona: Helder Editorial, 2006, p. 109 (tradução nossa).

no reconhecimento, na ética, na responsabilidade, na consciência, numa convivência mútua e de interação.

Portanto, diante das várias formas de diversidades culturais que se apresentam, no momento em que o tolerar, o respeitar e o reconhecer ou o coexistir com as diferenças do Outro não bastam por si só, pela vivência do interculturalismo se requer uma mudança estrutural do ser humano em simbiose com o Outro, situados agora, para tanto, no equilíbrio de uma convivência plural, ética e humanitária.

Conclusão

No intuito de formalizar uma abordagem reflexiva sobre as problemáticas oriundas do embate entre as diferenças, sejam elas culturais, sociais, políticas ou econômicas, que se encontram mais perceptíveis no âmbito da sociedade mundial atual, onde os indivíduos e grupos de indivíduos encontram-se inseridos no conflito das relações de poder, procurou-se sistematizar, na presente obra, uma leitura das perspectivas conceituais da tolerância, do multiculturalismo e do interculturalismo.

No interior de uma sociedade de percepção cultural e política cada vez mais plural, um dos desafios, talvez, de maior capitação urgencial na agenda universal de medidas estratégicas, está na necessidade de se afrontar a problemática por meio de um processo integrador entre as diversas culturas constituídas, a fim de concorrer para que as suas diferenças sejam respeitadas e aceitas, e para que se concretize uma convivência mais pacífica entre si.

Essa necessidade incorpora a tarefa de instigar a construção de uma cultura mundial mais humanitária, que efetivamente reconheça e respeite a diferença, que saiba conviver eticamente com a pluralidade, e que, assim, esteja capacitada para formar uma comunidade comprometida pela responsabilidade, garantia e defesa da memória, da atuação e do futuro de toda a sociedade humana, contribuindo para fortalecer o valor inalienável de um princípio universal que se institui pela prática de uma postura solidária.

Uma nova postura que se quer orientada pelo princípio universal da convivência deve, antes de tudo, procurar ampliar o exercício da tolerância e do reconhecimento desde a primária atitude mínima de cada indivíduo como resignação, alcançando o ideal de entusiasmo pelas diferenças constatadas do Outro.

Tal redimensionamento do conceito de tolerância é dado pelo intuito de se ajustar adequadamente a convivência dentro da sociedade multicultural e complexa que se apresenta a nós na atualidade, e que se afirma ainda mais a cada espaço de tempo.

Assim, com base na convivência, o nó propulsor da tolerância se encontra relacionado diretamente com a atitude, de natureza individual ou coletiva, assumida diante dos diversos grupos culturais existentes, sendo sua vantagem explícita, do ponto de vista prático, a demonstração da possibilidade de coexistência numa sociedade multicultural a partir de um ideal democrático e humanitário.

Na mesma direção, tratando-se de uma sociedade composta de diferenças, a atualidade da sociedade mundial se insere na obrigação de conscientizar-se da necessidade em se reconhecer as diversidades culturais.

Dessa forma, o conceito de multiculturalismo se configura para dar voz ao reconhecimento da diferença cultural no espaço público, tanto por meio da afirmação da dignidade de todos, quanto do amparo à produção de valores compartilhados entre as diversas identidades culturais, tratando-se, portanto, de uma política de integração.

Na busca pela superação dos preceitos da tolerância, a ideia central balizada pelo multiculturalismo está em empreender, para além do "consentir" a existência das diferenças, a promoção e a salvaguarda da multiplicidade cultural, encontrando na diferença um recurso e uma riqueza em potencial.

Portanto, o reconhecimento refletido pelo multiculturalismo está em promover e salvaguardar a diferença de um indivíduo ou de uma coletividade, considerando, para tanto, sua alteridade e a efetivação da liberdade e da igualdade de direitos.

Ainda assim, considerando a possibilidade de efetivação da tolerância entre as diversidades que se encontram dispostas na sociedade do mundo global e o aparelhamento de uma integração entre os diferentes grupos sociais e culturais, onde se respeitem os direitos basilares do ser humano em sua alteridade (ou seja, mesmo que seja possível vivenciar o multiculturalismo como base de uma sociedade democrática, por meio do devido reconhecimento da liberdade, da igualdade e da dignidade, como pressupostos da efetivação dos direitos fundamentais do homem, proclamados universalmente), muitas vezes esse contexto reserva grande espaço para o desenvolvimento da exploração e da dominação dos menos favorecidos e dos considerados diferentes pela sociedade. Consequentemente, seu conjunto termina por encontrar resistência frente à demanda de um efetivo convívio com o Outro.

Desse modo, a presente investigação se alinhou à reflexão de que somente quando a sociedade mundial estiver disposta a conscientizar-se da necessidade de uma convivência nos parâmetros dos ideais consagrados pelos direitos fundamentais universais, descobrindo no Outro a constituição da própria identidade humana, esta será passível de expressar uma consciência constituída no ideal do interculturalismo, na qual se afirme uma convivência ética, humanitária e responsável para com o Outro.

Em presença da atual conjuntura, de realidade complexa como a que vivemos, faz-se imprescindível a circulação de um conceito mais amplo do que entendemos sobre o pluralismo de culturas, o devido respeito e reconhecimento pelos seres humanos em sua liberdade e em sua igualdade, como representação da verdade de que todos somos irmãos e iguais.

Em conformidade com a realidade observada, propusemos na presente reflexão indagar sobre a construção de uma ética cultural e humanitária que se posicione a partir de um caráter universal, na qual tanto o Eu como o Outro convivam em torno da comunhão de identidades, por meio de uma conduta que esteja em consonância com o bem comum e que oriente o sentido da vida de maneira harmoniosa e respeitável, seja no plano individual, seja no plano coletivo.

Assim, ultrapassando os preceitos do multiculturalismo, os quais já não se mostram suficientes para a realização de uma devida efetivação da comunhão entre todos aqueles que fazem parte da sociedade num sentido integrador, o interculturalismo, por sua vez, irá supor uma inter-relação entre as diversas culturas, em que o "inter" vem significar a reciprocidade, a interação, o intercâmbio, a ruptura do isolamento, mas, ao mesmo tempo, a definição das diferenças em suas singularidades interpositivas.

Dessa maneira, urge a necessidade de se aprender a conviver com culturas diferentes, convencendo-se da existência de vínculos, valores e outros pontos em comum entre elas e, principalmente, a conscientização de cada uma para entender que a completude de sua cultura termina quando começa a do Outro.

Com isso, o interculturalismo tem por objetivo a promoção de espaços e de processos de interação positivos que gerem e conservem relações de confiança, reconhecimento mútuo, comunicação efetiva, diálogo e debate, aprendizagem e intercâmbio, cooperação e convivência, além da regulação pacífica dos conflitos que se apresentem.

A convivência por meio do interculturalismo requer, como desafio, que ajamos como atores do universo humano, de maneira coerente e ética, e conscientes de que a garantia de nossa dignidade tem de estar, obrigatoriamente, vinculada à responsabilidade pela dignidade do Outro.

Portanto, num movimento simbiótico, em que o Eu e o Outro encontram-se entrelaçados numa solidariedade concreta, o interculturalismo nos solicita que convivamos como cidadãos da Terra-Pátria que somos, por meio de uma consciência humana que se baseie no respeito, no reconhecimento, na ética e na responsabilidade por uma convivência mútua, de interação e em comunhão com todos os princípios abrigados na consagração dos direitos fundamentais estabelecidos universalmente.

Alguns podem pensar que uma convivência com base no interculturalismo apresente um caráter utópico e esteja muito distante de ser realizável; porém, para quem acredita na humanidade, o interculturalismo pode se configurar como forma possível de uma convivência planetária – não como uma nova vertente de filosofia da cultura, ou um pluralismo desconectado, mas sim como uma experiência que vai além do plano individual, como uma experiência vital que nasce da consciência multicultural e permanece em construção para o alcance de uma consciência universal: a consciência de que todos nós vivemos juntos, em total conexão, independentemente de nossas diferenças e de nossas verdades.

Referências

ABBAGNANO, Nicola. *Dicionário de filosofia*. 5. ed. São Paulo: Martins Fontes, 2007.

ABELLÁN, Joaquín. Los retos del multiculturalismo para el estado moderno. In: O'FARRELL. Pablo Badillo (Org.). *Pluralismo, tolerancia, multiculturalismo*: reflexiones para un mundo plural. Madrid: Universidad Internacional de Andalucía / Akal, 2003.

ALMEIDA, Maria Cecília Pedreira de. A tolerância e a sua medida em John Locke e Pierre Bayle. *Revista Princípios*. Natal, v. 17, n. 27, jan./jun. 2010.

ALVARADO, Virgílio. Políticas públicas e interculturalidad. In: FULLER, Norma (Org.). *Interculturalidad y política*: desafíos y posibilidades. Lima: Red para el Desarrollo de las Ciencias Sociales en el Perú, 2002.

ANDRADE DE SOUZA, Marcelo Gustavo. *Tolerar é pouco?* Por uma filosofia da educação a partir do conceito de tolerância. Tese (Doutorado em Educação). Rio de Janeiro: Pontifícia Universidade Católica, 2006. Disponível em: http://www.dominiopublico.gov.br/ download/texto/ cp076150.pdf. Acesso em: 15 fev. 2015.

BACHA FILHO, Teófilo. *Educação para uma cultura da tolerância*. SESC: seminário cultura e intolerância. São Paulo: novembro de 2003. Disponível em: http://www.sescsp.org.br/sesc/images/upload/conferencias/79.rtf. Acesso em: 03 jul. 2014.

BAYLE, Pierre. *De la tolerance*: commentaire philosophique sur ces paroles de Jésus-Christ: "Constrains-les d'entrer". Par Jean-Michel Gros. Paris: Honoré Champion, 2006.

BARRETO, Vicente de Paulo. *Dicionário de filosofia do direito*. Rio Grande do Sul: UNISINOS, 2009.

BARROCO, M. L. S. Ética, direitos humanos e diversidade. *Cadernos*

Especiais, n. 37, 28 de agosto a 25 de setembro de 2006. Disponível em: www.assistentesocial.com.br. Acesso em: 10 jul. 2015.

BAUMAN, Zygmunt. *A vida fragmentada*. Ensaios sobre a moral pós-moderna. Portugal: Relógio D'água, 2007.

BAUMAN, Zygmunt. *Modernidade e ambivalência*. Rio de Janeiro: Jorge Zahar, 1999.

BENTHAM, Jeremy. *Uma introdução aos princípios da moral e da legislação*. Tradução de Luiz João Baraúna. São Paulo: Abril Cultural, 1974.

BITTAR, Eduardo C. B. *O direito na pós-modernidade e reflexões frankfurtianas*. 2. ed. Rio de Janeiro: Forense Universitária, 2009.

BITTAR, Eduardo C. B.; ALMEIDA, Guilherme Assis de. (Orgs.). *Mini-código de direitos humanos*. São Paulo: Juarez de Oliveira, 2008.

BOBBIO, Norberto. *A era dos direitos*. Tradução de Carlos Nelson Coutinho. Rio de Janeiro: Campus, 1992.

BOBBIO, Norberto. *Politica e cultura*. Torino: Einaudi, 1955.

BOBBIO, Norberto. *O futuro da democracia:* uma defesa das regras do jogo. Tradução Marco Aurélio Nogueira. 6. ed. Rio de Janeiro: Paz e Terra, 1986.

BOLTANSKI, Luc; CHIAPELLO, Éve. Apud CANCLINI, Néstor García. *Diferentes, desiguais e desconectados*: mapas da interculturalidade. Tradução de Luis Sérgio Henriques. Rio de Janeiro: UFRJ, 2005.

BOOTH, William. *The Washington Post*. February 22, 1998. Disponível em: http://www.washingtonpost.com/wp-srv/national/longterm/meltingpot/melt0222.html

CABEDO MANUEL, Salvador. *Filosofía y cultura de la tolerancia*. Castelló de la Plana: Publicacions de La Universitat Jaume I, 2006.

CACCIATORE, Giuseppe. L'interculturalità e le nuove dimensioni del sapere filosofico e delle sue pratiche. Disponível em: http://www.easy-network.net/pdf/24cacciatore.pdf. Acesso em: 15 jul. 2015.

CANÇADO TRINDADE, Antônio Augusto. *Tratado de direito internacional dos direitos humanos*. Porto Alegre: Sergio Antônio Fabris, 1997. vol. III.

CANCLINI, Néstor García. *Diferentes, desiguais e desconectados*: mapas da interculturalidade. Tradução de Luis Sérgio Henriques. Rio de Janeiro: UFRJ, 2005.

CANDAU, V. M. Interculturalidade e educação escolar. Disponível em: http://www.dhnet.org.br/direitos/militantes/veracandau/candau_interculturalidade.html. Acesso em: 16 jul. 2015.

CAPRA, Fritjof. *O ponto de mutação*. Tradução de Álvaro Cabral. São Paulo: Cultrix, 2006.

CARDOSO, Clodoaldo Meneguello. Tolerância: tensão entre diversidade e desigualdade. In: PASSETTI, Edson; OLIVEIRA, Salete de. (Orgs.). *A tolerância e o intempestivo*. São Paulo: Ateliê Editorial, 2005.

CARDOSO, Clodoaldo Meneguello. *Tolerância e seus limites*: um olhar latino-americano sobre diversidade e desigualdade. São Paulo: UNESP, 2003.

CARDOSO, Clodoaldo Meneguello. Tolerância: um valor ético para o século XXI. In: GUIMARÃES, Luciano; VICENTE. Maximiliano Martin; COELHO, Jonas Gonçalves (Orgs.). *O futuro*: continuidade ou ruptura. Desafios para a comunicação e para a sociedade. São Paulo: Annablume, 2006.

CITTADINO, Gisele. *Pluralismo, direito e justiça distributiva*: elementos da filosofia constitucional contemporânea. Rio de Janeiro: Lumen Juris, 2000.

CONSELHO DA EUROPA. Livro branco sobre o diálogo intercultural: viver juntos em igual dignidade. Estrasburgo, 2008. Disponível em: http://www.coe.int/t/dg4/intercultural/ Source/Pub_White_Paper/WhitePaper_ID_PortugueseVersion2.pdf. Acesso em: 09 jul. 2014.

CORTINA, Adela. *Cidadãos do mundo*: para uma teoria da cidadania. Tradução de Silvana Corbucci Leite. São Paulo: Loyola, 2005.

CHAUÍ, Marilena. Saudações a Boaventura de Souza Santos. In: SANTOS, Boaventura de Souza; CHAUÍ, Marilena. *Direitos humanos, democracia e desenvolvimento*. São Paulo: Cortez, 2013.

CHELIKANI, Rao V. B. J. *Quelques réflexions sur la tolèrance*. Paris: UNESCO, 1995.

CHELIKANI, Rao V. B. J. *Reflexões sobre a tolerância*. Tradução de Catarina Eleonora F. da Silva; Jeanne Sawaya. Rio de Janeiro: Garamond, 1999.

COSTA, Sérgio; WERLE, Denílson Luís. Reconhecer as diferenças: liberais, comunitários e as relações raciais no Brasil. *Revista Novos Estudos*, CEBRAP, n. 49, novembro de 1997, p. 159-178.

CUÉLLAR, Javier Pérez de (Org.). Nossa diversidade criadora. *Relatório da Comissão Mundial de Cultura e Desenvolvimento*. Tradução de Alesandro Warley Candeas. UNESCO, 1997; São Paulo: Papirus, 1997.

DEI, Fabio. Multiculturalismo senza cultura? In: NESTI, Arnaldo. (Org.) *Multiculturalismo e il pluralismo religioso fra illusione e realtà*: um altro mondo è possibile? Firenze: Universidade de Firenze, 2006.

PASSETTI, Edson; OLIVEIRA, Salete de. (Orgs.). *A tolerância e o intempestivo*. São Paulo: Ateliê Editorial, 2005.

FERRAROTTI, Franco. La crisi dell'eurocentrismo e La convivenza delle culture. In: NESTI, Arnaldo. (Org.) *Multiculturalismo e Il pluralismo religioso fra illusione e realtà*: um altro mondo è possibile? Firenze: Universidade de Firenze, 2006.

FERRERO, Mariano J. Democracia, tolerancia y derechos em las sociedades contemporáneas. Biblioteca Del Congreso Nacional de Chile. Disponível em: http://www.camara.cl/camara/media/seminarios/democracia/doc_03.pdf. Acesso em: 19 jan. 2015.

FORNET-BETANCOURT, Raúl. La filosofía intercultural. Disponível em: http://www.olimon.org/uan/08-intercultural-fornet.pdf. Acesso em: 18 jul. 2015.

FORNET-BETANCOURT, Raúl. La interculturalidad a prueba. Disponível em: http://www.uca.edu.sv/filosofia/ admin/files/1210106845.pdf. Acesso em: 18 jul. 2015.

FORNET-BETANCOURT, Raúl. *Trasformazione interculturale della filosofia*, a cura di G. Coccolini. Bolonha: Dehoniana, 2006.

FRASER, Nancy. La justicia social en la era de la política de identidad: redistribución, reconocimiento y participación. *Revista de Trabajo*, Año 4, n. 6, ago./dez. 2008, p. 83-99. Disponível em: http://www.trabajo.gob.ar/downloads/cegiot/08ago-dic_fraser.pdf. Acesso em: 10 jun. 2015.

FRASER, Nancy. Reconhecimento sem ética? *Revista Lua Nova*, São Paulo, 70: 101-138, 2007.

FREIRE, Paulo. *Pedagogia do oprimido*. São Paulo: Paz e Terra, 2005.

FULLER, Norma (Org.). *Interculturalidad y política*: desafíos y posibilidades. Lima: Red para el Desarrollo de las Ciencias Sociales en el Perú, 2002.

GIDDENS, Anthony. *Mundo em descontrole*: o que a globalização está fazendo de nós. Tradução de Maria Luiza X. de A. Borges. 6. ed. Rio de Janeiro: Record, 2007.

GIDDENS, Anthony. *Em defesa da sociologia*. Ensaios, interpretações e tréplicas. Tradução de Roneide Venancio Majer; Klauss Brandini Gerhardt. São Paulo: UNESP, 2001.

GUERRA FILHO, Willis Santiago. Ideias inconclusivas sobre um neojushumanismo: proposta de estudos a serem desenvolvidos. *Revista da Faculdade de Direito de São Bernardo do Campo*, 2011, p. 249-259.

GUTMANN, Amy. Introdução. In: TAYLOR, Charles. *Multiculturalismo*. Tradução de Marta Machado. Lisboa: Instituto Piaget, 1998.

HAAL, Stuart. *Da diáspora*: identidades e mediações culturais. Tradução de Adelaide La Guardia Resende et al. Belo Horizonte: UFMG, 2003.

HABERMAS, Jürgen. *A inclusão do outro*: estudos de teoria política. Tradução de George Sperber; Paulo Astor Soethe. São Paulo: Loyola, 2002.

HABERMAS, Jürgen. *Comentários à ética do discurso*. Lisboa: Instituto Piaget, 1991.

HEGEL, Georg Wilhelm Friedrich. *Fenomenologia do espírito*. Tradução de Paulo Meneses. Rio de Janeiro: Vozes, 1992.

HERNÁNDEZ-REYNA, Miriam. Sobre los sentidos de multiculturalismo e interculturalismo. *Revista Ra Ximbhai*, v. 3, n. 2, maio-ago. de 2007, Universidad Autónoma Indígena de México. El Fuerte, México, p. 429-442. Disponível em: http://www.redalyc.org/ articulo.oa?id=46130212. Acesso em: 12 nov. 2015.

HONNETH, Axel. *Lotta per il riconoscimento*. Milão: Il Saggiatore, 2008.

KAUFMANN, Matthias. *Em defesa dos direitos humanos*: considerações histórica e de princípio. Tradução de Rainer Patriota. Rio Grande do Sul: UNISINOS, 2013.

KYMLICKA, W. *La cittadinanza multiculturale*. Bolonha: Il Molino, 1999.

LEISTER, Margareth A. Aculturação e identidade cultural: uma revisão do Direito Internacional dos Direitos Humanos. *Revista Derecho y Cambio Social*, n. 31, ano X, 2013. La Molina: Perú.

LEISTER, Margareth A.; TREVISAM, Elisaide. A tolerância e os direitos humanos: aceitar o multiculturalismo e as diversidades para viver uma cultura democrática. *Revista Mestrado em Direito*, Osasco, ano 12, n. 1, p. 199-227.

LÉVINAS, Emmanuel. *Entre nós*: ensaios sobre a alteridade. Tradução de Pergentino Pivato et al. Rio de Janeiro: Vozes, 2010.

LÉVINAS, Emmanuel. *Humanismo do outro homem*. Tradução de Pergentino Pivato et al. Rio de Janeiro: Vozes, 2012.

LOCKE, John. *Cartas sobre tolerância*. Tradução de Jeane B. Duarte Rangel; Fernando Dias Andrade. São Paulo: Ícone, 2004.

MACHADO, Nilson José. *Cidadania e educação*. 4. ed. São Paulo: Escrituras, 2002.

MAGNOLI, Demétrio. *União Europeia*: história e geopolítica. São Paulo: Moderna, 2004.

MALL, Ram Adhar. *Interculturalità*: una nuova prospettiva filosofica. Gênova: ECIG, 2002.

MÁRQUEZ-FERNÁNDEZ, Álvaro. *Globalización neoliberal y filosofía intercultural*. Red Internacional de estudios interculturales. Pontificia

Universidad Católica del Perú, 2013. Disponível em: http://red.pucp.edu.pe/ridei/libros/globalizacion-neoliberal-y-filosofia-intercultural/. Acesso em: 10 jul. 2015.

MARTÍNES, Julio C. M. *Teoría democrática desde el paradigma de la interculturalidad.* Tese (Doutorado em Filosofia Ibero-americana). Universidade Centroamericana José Simeón Cañas. El Salvador, 2012.

MILL, John Stuart. *Sobre a liberdade.* Tradução de Alberto da Rocha Barros. Rio de Janeiro: Vozes, 1991.

MILL, John Stuart. *Utilitarismo.* Tradução de Eunice Ostrensky. São Paulo: Martins Fontes, 2000.

MORIN, Edgar. *A cabeça bem-feita*: repensar a reforma, reformar o pensamento. Tradução de Eloá Jacobina. Rio de Janeiro: Bertrand Brasil, 2010.

MORIN, Edgar. *A via para o futuro da humanidade.* Tradução de Edgard de Assis Carvalho. Rio de Janeiro: Bertrand, 2013.

MUÑOZ SEDANO, A. *Educación Intercultural*: teoría y práctica. Madrid: Escuela Española, 1997, p. 119. Apud CANDAU, V. M. Interculturalidade e educação escolar. Disponível em: http://www.dhnet.org.br/direitos/militantes/veracandau/candau_ interculturalidade.html. Acesso em: 16 jul. 2015.

NESTI, Arnaldo. Multiculturalità, pluralismo religioso, conflittualità. Prospettive. In: NESTI, Arnaldo. (Org.) *Multiculturalismo e il pluralismo religioso fra illusione e realtà:* um altro mondo è possibile? Firenze: Universidade de Firenze, 2006.

PANIKKAR, Raimon. *Sobre el dialogo intercultural.* Salamanca: San Esteban, 1990.

PANIKKAR, Raimon. *Paz e interculturalidad*: una reflexión filosófica. Barcelona: Helder, 2006.

PIOVESAN, Flávia. *Direitos humanos e o direito constitucional internacional.* São Paulo: Saraiva, 2010.

PIOVESAN, Flávia. Direitos humanos, democracia e integração regional: os desafios da globalização. *Revista de Direito Constitucional e Internacional*, São Paulo, v.9, n.37, p.109-128, out./dez. 2001.

PIOVESAN, Flávia. Igualdade, diferença e direitos humanos: perspectivas global e regional. In: BENEVIDES, Maria V. de M.; BERCOVICI, Gilberto; MELO, Claudinei de. *Direitos humanos, democracia e república*: homenagem a Fábio Konder Comparato. São Paulo: Quartier Latin, 2009.

POLIN, Raymond. Introdução. In: LOCKE, John. *Cartas sobre tolerância*. Tradução de Jeane B. Duarte Rangel; Fernando Dias Andrade. São Paulo: Ícone, 2004.

POPPER, Karl. *La libertà è piu importante dell'uguaglianza*. Roma: Armando, 2012.

POPPER, Karl. *A sociedade aberta e seus inimigos*. Tradução de Milton Amado. Belo Horizonte: Itatiaia, 1974.

POPPER, Karl. *Alla ricerca di um mundo migliore*. Roma: Armando, 1989.

RAWLS, John. *Uma teoria da justiça*. Tradução de Vamireh Chacon. Brasília: Universidade de Brasília, 1981.

RICOEUR, Paul. *Percurso do reconhecimento*. Tradução de Nicolás Nyimi Campanário. São Paulo: Loyola, 2006.

RICOEUR, Paul. *Sé come un altro*. Milão: Jaca Book, 2005.

ROCKEFELLER, Steven C. Comentários. In: TAYLOR, Charles. *Multiculturalismo*. Lisboa: Instituto Piaget, 1998.

ROMERO, Carlos Giménez. Interculturalismo. Disponível em: http://www.sociol.unimi.it/docenti/debenedittis/documenti/File/Intercuturalismo.pdf. Acesso em: 12 dez. 2015.

RORTY, Richard. Verdade, universalidade e política democrática: justificação, contexto, racionalidade e pragmatismo. In: SOUZA, José Crisóstomo de. *Filosofia, racionalidade, democracia*: os debates Rorty & Habermas. São Paulo: UNESP, 2005.

ROUANET, Sérgio Paulo. *Mal-estar na modernidade*. São Paulo: Companhia das Letras, 2001.

RUGGIU, Luigi; MORA, Francesco. *Identità, differenze, conflitti*. Milão: Memesis, 2007.

SÁNCHEZ VÁZQUEZ, Adolfo. Anverso y reverso de la tolerancia. In: CORDERA CAMPOS, Rafael; HUERTA BRAVO, Eugenia. (Coords.), La Universidad y la tolerancia, México, UNAM, 1996.

SANTOS, Boaventura de Souza; NUNES, João Arriscado. Introdução: para ampliar o cânone do reconhecimento, da diferença e da igualdade. In: SANTOS, Boaventura de Souza (Org.). *Reconhecer para libertar*: os caminhos do cosmopolitismo multicultural. Rio de Janeiro: Civilização Brasileira, 2003.

SANTOS, Boaventura de Souza. Por uma concepção multicultural de direitos humanos. In: SANTOS, Boaventura de Souza (Org.). *Reconhecer para libertar*: os caminhos do cosmopolitismo multicultural. Rio de Janeiro: Civilização Brasileira, 2003.

SANTOS, Boaventura de Souza. Uma concepção multicultural de direitos humanos. *Revista Lua Nova*, n. 39, 1997, p. 105-124.

SARLET, Ingo Wolfgang. *Dignidade da pessoa humana e direitos fundamentais na Constituição Federal de 1988*. 9. ed. Porto Alegre: Livraria do Advogado, 2012.

SEMPRINI, Andrea. *Multiculturalismo*. Tradução de Laureano Pelegrin. São Paulo: EDUSC, 1999.

SILVA, Maria José A. da; BRANDIM, Maria R. Lima. Multiculturalismo e educação: em defesa da diversidade cultural. *Revista Diversa*, n. 1., jan./jun. 2008. p. 31-66. Disponível em: http://www.fit.br/home/link/texto/Multiculturalismo.pdf. Acesso em: 15 jul. 2014.

SILVA, Sergio Gomes da. Direitos humanos: entre o princípio de igualdade e a tolerância. *Revista Praia Vermelha*, v. 19, n. 1, jan./jun. 2010, Rio de Janeiro, p. 79-94. Disponível em: http://www.ess.ufrj.br/ejornal/index.php/praiavermelha. Acesso em: 05 jul. 2014.

SORIANO DÍAZ, Ramón Luis. Las razones del interculturalismo. *Revista del Instituto de Ciencias Jurídicas de Puebla A.C.*, n. 22, 2008, Puebla, México, p. 99-116. Disponível em: http://www.redalyc.org/pdf/2932/293222950006.pdf. Acesso em: 18 dez. 2015.

SORIANO DÍAZ, Ramón Luis. Derechos Humanos y Derechos de las Culturas. In: SORIANO DÍAZ, Ramón Luis; BLANC, Carlos Aguilar. Fundamentos y Nuevos Retos de los Derechos Humanos en un Mundo en cambio. Universidad Internacional de Andalucía, 2005, p. 190-248. Disponível em: https://pt.scribd.com/doc/79866096/Derechos-Humanos-LIBRO-Completo-Fundamentos-y-Nuevos-Retos-en-Un-Mundo-en-Cambio. Acesso em: 18 dez. 2015.

SOUZA SANTOS, Boaventura; NUNES, João Arriscado. Introdução: para ampliar o cânone do reconhecimento, da diferença e da igualdade. In: SOUZA SANTOS, Boaventura (Org.). Reconhecer para libertar: os caminhos do cosmopolitismo multicultural. Rio de Janeiro: Civilização Brasileira, 2003.

TAYLOR, Charles. *Multiculturalismo*. Tradução de Marta Machado. Lisboa: Instituto Piaget, 1998.

TÓTORA, Silvana. (In)tolerância: vida-poiesis e política. In: PASSETTI, Edson; OLIVERIA, Salete de. (Orgs.). *A tolerância e o intempestivo*. São Paulo: Ateliê Editorial, 2005.

TOURAINE, Alain. *Poderemos viver juntos?* Iguais e diferentes. Tradução de Jaime A. Clasen; Ephraim F. Alves. Rio de Janeiro: Vozes, 1999.

TREVISAM, Elisaide; LEISTER, Margareth A. A tolerância às diversidades: base da efetivação da sociedade democrática. *Direitos Humanos e Minorias*. 1. ed. Lorena: UNISAL, 2015, v. 1, p. 1-12.

TRINDADE, Antônio Augusto Cançado. *Tratado de direito internacional dos direitos humanos*. Porto Alegre: Sergio Antônio Fabris, 1997. vol. III.

TUBINO, Fidel. Del interculturalismo funcional al interculturalismo crítico. Disponível em: http://red.pucp.edu.pe/wp-content/uploads/biblioteca/inter_funcional.pdf. Acesso em: 18 dez. 2015.

TUBINO, Fidel. La praxis de la interculturalidad en los estados nacionales latinoamericanos. *Cuadernos Interculturales*, Ano 3, n. 5, 2005, p. 83-96. Viña del Mar, CEIP-Universidad de Valparaíso. Disponível em: http://www.redalyc.org/ articulo.oa?id=55200506. Acesso em: 18 dez. 2015.

UNESCO. *Declaração de princípios sobre a tolerância*. Tradução da Universidade de São Paulo. São Paulo: USP, 1997.

UNESCO. *Declaração Universal sobre a Diversidade Cultural*. Disponível em: http://unesdoc.unesco.org/images/0012/001271/127160por.pdf. Acesso em: 20 dez. 2014.

VALENTI, Stefano. L'integrazione del dialogo interculturale nelle attività del Consiglio d'Europa, dell'Osce e dell'Unesco. Disponível em: http://unipd-centrodirittiumani.it/ public/docs/DI_DU_CP_2007_099.pdf. Acesso em: 09 jul. 2013.

VALLESCAR PALANCA, D. Consideraciones sobre la interculturalidad y la educación. *Revista Construyendo Nuestra Interculturalidad*, n. 3, Perú, abril de 2006. Disponível em: http://interculturalidad.org/numero03/anterior.htm. Acesso em: 16 dez. 2015.

VALLESCAR PALANCA, D. *Hacia una racionalidad intercultural*: cultura, multiculturalismo e interculturalidad. Tese (Doutorado em Ética e Sociologia). Universidade Complutense de Madrid, 2000.

VOLTAIRE. *Dicionário filosófico*. São Paulo: Abril Cultural, 1973. (Coleção Os Pensadores.)

VOLTAIRE. *Tratado sobre a tolerância*: a propósito da morte de Jean Calas. Tradução de Paulo Neves. 2. ed. São Paulo: Martins Fontes, 2000.

WALZER, Michael. *Da tolerância*. Tradução de Almiro Pisetta. São Paulo: Martins Fontes, 1999.

WALZER, Michael. La política de la diferencia: estatalidad y tolerancia en un mundo multicultural. Tradução de Rafael Del Águila. *Revista de Filosofía Moral y Política*, n. 14. Madrid, 1996. p. 37-53. Disponível em: http://isegoria.revistas.csic.es/index.php/isegoria/ article/viewArticle/210. Acesso em: 10

jul. 2014.

WALSH, C. *La interculturalidad en la educación*. Lima: Ministério da Educação/UNICEF, 2005.

WALSH, C. Interculturalidad crítica y educación intercultural. Seminario de Interculturalidad y Educación Intercultural. Instituto Internacional del Convenio Andrés Bello, La Paz, 09 a 11 de março de 2009.

WOLKMER, Antonio Carlos. *Pluralismo jurídico*: fundamentos de uma nova cultura no direito. São Paulo: Alfa Omega, 2001.

YOLTON, John W. *Dicionário Locke*. Tradução de Álvaro Cabral. Rio de Janeiro: Zahar, 1996.

ZANGWILL, Israel. The melting-pot: Drama in four acts. Nova York: The Macmillan Company, 1920. Disponível em: http://ia600303.us.archive.org/33/items/ meltingpotdramai00zanguoft/meltingpotdramai00zanguoft.pdf. Acesso em: 25 jul. 2015.

ZIZEK, Slavoj. *En defensa de la intolerancia*. Madri: Sequitur, 2008.

Resumo

EM MEIO À COMPLEXIDADE DO MUNDO ATUAL, CADA VEZ MAIS PLURAL NA UNIÃO DE CULTURAS que comportam amplas diversidades individuais e coletivas, entrelaçadas tanto interna como externamente pela coexistência social, cultural e política, mas também pelo acirramento das relações de poder, a presente obra traz uma reflexão sobre a necessidade da realização de um processo de integração pautado na vivência do interculturalismo, demonstrando que o tolerar, o respeitar e o reconhecer estabelecidos pelo multiculturalismo já não bastam por si só. A sociedade mundial de nosso tempo, além da necessidade de ter os direitos fundamentais efetivados, requer uma simbiose do Eu com o Outro. Diante dos conflitos que se apresentam na sociedade, o objetivo deste estudo se justifica pela urgência de um aprofundamento da questão, a fim de promover uma convivência pacificadora entre as sociedades e suas diversas culturas. Para chegar a um resultado satisfatório, a metodologia científica utilizada nesta pesquisa se organizou por meio de uma análise dialética e bibliográfica, relacionando, em sua abrangência, conceitos específicos de cunho filosófico e jurídico, de acordo com os objetivos propostos na presente reflexão. O resultado alcançado nos mostra que, refletidos a validade e os limites das perspectivas da tolerância e do multiculturalismo, é de caráter imprescindível uma visão que considere o ser humano em sua convivência com o Outro, de acordo com os preceitos do interculturalismo, por uma total conexão de todos que se configure no equilíbrio de uma convivência plural, ética, solidária, responsável e humanitária.

grupo novo século

Compartilhando propósitos e conectando pessoas
Visite nosso site e fique por dentro dos nossos lançamentos:
www.gruponovoseculo.com.br

<ns

facebook/novoseculoeditora
@novoseculoeditora
@NovoSeculo
novo século editora

gruponovoseculo
.com.br

Edição: 1
Fonte: Crimson Pro